Abecé
Visual

El Abecé Visual de

PAÍSES, RELIGIONES Y CULTURAS DEL MUNDO

Abecé
Visual

© de esta edición: 2013, Santillana USA Publishing Company, Inc.
2023 NW 84th Ave, Doral FL 33122

Publicado primero por Santillana Ediciones Generales, S. L.
C/Torrelaguna, 60 - 28043 Madrid

Coordinación editorial: Área de Proyectos Especiales.
Santillana Ediciones Generales, S. L.

REDACCIÓN Y EDICIÓN
Marcela Codda

ILUSTRACIÓN
Carlos Escudero por Acuatromanos Estudio
Color digital: Juan Pablo Eberhard y Julián Bustos

DISEÑO DE CUBIERTAS
Gabriela Martini y asociados

El abecé visual de países, religiones y culturas del mundo
ISBN: 978-84-9907-019-3

Printed in USA by Nupress of Miami, Inc.
16 15 14 13   1 2 3 4 5 6 7 8 9

Índice

¿**Cómo** eran los ritos funerarios en la prehistoria?

En el Paleolítico las personas creían que todos los sucesos de la naturaleza estaban vinculados a fuerzas sobrenaturales. Por eso, pensaban que mediante ciertos rituales lograrían los favores de estos «espíritus» o seres que regían sus vidas. Uno de esos rituales fundamentales del ser humano primitivo fue el enterramiento. En algunos casos, las familias eran enterradas juntas para mantener la unión del grupo incluso después de la muerte.

Las personas prehistóricas creían que los muertos podían favorecerlas, y les pedían que intercedieran ante los espíritus sobrenaturales para que les enviaran grandes cosechas y buena caza.

Consideraban que la muerte era un paso hacia otro mundo; por eso, en muchos enterramientos se han encontrado restos de alimentos e incluso hogares para mantener el calor en la tumba.

A veces se rociaba el cuerpo con polvos de colores ocres y rojos, probablemente como parte de los rituales del enterramiento.

El muerto era colocado en posición fetal, con la cara apuntando hacia el oeste. Pero también podía ser puesto boca abajo o de lado, con la cabeza apoyada sobre una especie de almohada de piedra.

Monumentos religiosos

Durante el Neolítico se levantaron enormes construcciones con grandes bloques de piedra llamados megalitos. Algunos de estos monumentos eran cementerios donde se enterraban familias enteras. Otros, como el de Stonehenge, eran observatorios astronómicos que les permitían conocer el curso del tiempo y predecir los momentos de la siembra y de la recolección.

Santuarios antiguos

Los hombres de la prehistoria pintaban el interior de las cavernas con escenas de su vida cotidiana, principalmente de la caza. De esta manera podían «contar» algo sobre ellos y comunicarse con los espíritus para expresarles sus deseos. Las pinturas normalmente representaban animales que ya habían sido cazados y se realizaban en los sitios más resguardados de las cavernas, que los arqueólogos han denominado «santuarios».

Los familiares del muerto recolectaban flores y hojas de plantas medicinales para cubrir el cadáver con ellas.

Cerca del cuerpo del muerto se dejaban herramientas de piedra para que pudiera cazar en el más allá.

Sacerdotes y chamanes

Durante el Neolítico aparecieron los primeros sacerdotes y chamanes, cuya tarea era mantener, acrecentar y transmitir los conocimientos de la comunidad. Conocían los ciclos de la naturaleza e indicaban cuándo se debía sembrar o cosechar. También sabían «enfrentarse a los espíritus malignos» para curar enfermedades. Eran hombres muy respetados, y aún hoy muchas sociedades primitivas creen en el poder de sus chamanes y sacerdotes.

¿**Cuáles** son los principales libros sagrados?

El Corán no tiene ilustraciones porque el islam prohíbe la reproducción de imágenes de su dios, Alá, y también de su profeta, Mahoma.

Tanto el cristianismo como el judaísmo son llamadas *religiones del libro* porque en ambas es fundamental la Biblia. Sin embargo, la tradición bíblica difiere para judíos y cristianos, ya que los textos que incluyen unos y otros no son los mismos. Los musulmanes también tienen un libro sagrado, que es el Corán. Para estas tres religiones en esos escritos se revela la palabra divina.

La única decoración aceptada en este libro sagrado es la bella caligrafía árabe.

La Biblia cristiana está organizada en dos grandes partes, el Antiguo Testamento, que incluye la totalidad del Tanaj, y el Nuevo Testamento, donde se encuentran las palabras y enseñanzas de Jesús.

Los Evangelios son la parte principal del Nuevo Testamento. En ellos se narra la vida de Jesús. Hay cuatro Evangelios que fueron escritos por sus discípulos: Lucas, Mateo, Marcos y Juan.

Durante la Edad Media los monjes de los monasterios eran los encargados de transcribir las Sagradas Escrituras y solían decorarlas con bellas iluminaciones.

Jerusalén, la más codiciada

La ciudad de Jerusalén es un sitio sagrado para los judíos, y también tiene una enorme importancia para los cristianos y los musulmanes. Para los judíos, Jerusalén es su hogar; para los cristianos, el sitio donde se desarrolló la pasión y muerte de Jesús, y para los musulmanes, la tercera ciudad santa del islam.

La Torá, junto con *Nebiim* (profetas) y *Ketubim* (escritos), forman parte del Tanaj. En *Nebiim* se incluyen libros de carácter histórico y *Ketubim* es una antología de oraciones, salmos, consejos y proverbios.

La Torá incluye los primeros cinco libros de la Biblia, que comparten cristianos y judíos. Comienza con el *Bereshit,* que en hebreo quiere decir «al principio» y que los cristianos conocen con el nombre de Génesis. Concluye con las obligaciones religiosas, las oraciones y los mandamientos.

El Corán recoge la revelación de Dios a Mahoma y consta de 114 *azoras* o capítulos. Es una recopilación de discursos: no guarda un orden y los temas suelen repetirse o cambiar.

El cristianismo y sus Iglesias

Desde el siglo XVII, a partir de la expansión colonial de casi todos los países europeos, el cristianismo se ha convertido en la religión con más fieles en el mundo. Aunque sus Iglesias son muy diversas, el cristianismo tiene una raíz única: el mensaje de Jesucristo y la Biblia, como texto sagrado.

El rezo islámico

La práctica religiosa de los musulmanes se centra en la oración. Antes de rezar, los fieles deben descalzarse. Los musulmanes rezan cinco veces al día (al alba, al mediodía, a media tarde, durante el ocaso y por la noche), siempre situados en dirección a La Meca, que es su principal ciudad sagrada.

Los templos judíos

El Templo de Jerusalén fue el principal recinto de culto de los judíos en la Antigüedad. Tras su destrucción, la sinagoga o *beit kneset* –casa de la asamblea– es el punto de encuentro para la práctica de ritos y la celebración de las fiestas.

Por la santidad que reviste para el pueblo judío, la Torá ha conservado su antigua forma de rollo.

¿**Cómo** se recuerdan los hitos del pueblo judío?

El judaísmo es una de las religiones más antiguas que aún se practican. Muchos de los relatos de la Biblia, cuyos cinco primeros libros componen la Torá, forman parte de su historia sagrada y buscan transmitir un mensaje religioso. Estos textos que hablan de distintos hitos en la historia del pueblo judío son recordados en muchas de las celebraciones religiosas.

Las Tablas de la Ley

Según la Biblia, en el viaje hacia la Tierra Prometida los judíos siguieron a Moisés por el desierto. Al llegar al monte Sinaí, Dios dictó a Moisés las leyes que el pueblo judío debía obedecer. Moisés escribió en dos tablas de piedra los diez mandamientos, y para proteger y trasladar tan valiosa carga se construyó el arca de la Alianza, una especie de caja de madera forrada en oro que habría desaparecido en el siglo VI a. C.

Los diez mandamientos

Los diez mandamientos, leyes básicas tanto para los judíos como para los cristianos, son los siguientes:

Amarás a Dios sobre todas las cosas.
No tomarás el nombre de Dios en vano.
Santificarás las fiestas.
Honrarás a tu padre y a tu madre.
No matarás.
No cometerás actos impuros.
No robarás.
No darás falso testimonio ni mentirás.
No consentirás pensamientos ni deseos impuros.
No codiciarás los bienes ajenos.

La estrella de David

La estrella de seis puntas formada por dos triángulos equiláteros invertidos y superpuestos es un símbolo conocido como «estrella de David» o «sello de Salomón». Aunque hoy es un símbolo reconocido del pueblo judío y aparece en la bandera de Israel, la estrella comenzó a usarse muchos siglos antes.

Entre los años 1000 y 586 a. C. el pueblo judío vivió una época de esplendor y expansión en la región de Palestina. Pero las luchas entre los reinos judíos terminaron por debilitar su poder y tras las derrotas militares aconteció la destrucción del Templo.

Tras la destrucción del primer Templo de Jerusalén (hacia el 586 a. C.), comenzó una época de exilio para muchos judíos, que se llamó *diáspora*. Hubo varias diásporas en diferentes momentos de la historia judía. Esto hizo que su religión se expandiera por el mundo.

En el libro del Éxodo de la Biblia se relata que Dios le ordenó a Moisés liberar al pueblo judío, que era prisionero de los egipcios, y llevarlo hacia la Tierra Prometida. En un principio el faraón aceptó y los hebreos se dirigieron hacia el mar Rojo. Pero luego mandó perseguirlos.

Cuando los judíos pensaron que su vida corría peligro, Dios, por petición de Moisés, abrió las aguas del mar Rojo y los dejó pasar, pero luego las cerró para que los egipcios no los alcanzaran.

Alimento divino

Cuando el pueblo judío logró escapar de la esclavitud a la que estaba sometido en Egipto, atravesó el desierto en un viaje muy penoso que duró 40 años. Los relatos bíblicos narran que cada mañana Dios hacía llover del cielo un alimento que para los niños era dulce, y para los jóvenes tenía gusto a aceitunas. Este alimento milagroso se llamó maná. Se parecía a las semillas de coriandro y se derretía cuando los rayos del sol lo calentaban.

En el libro del Génesis de la Biblia se incluye una genealogía del pueblo judío. Allí aparece Abraham, que en virtud de un pacto que hace con Dios, su mujer Sara, de edad avanzada, se queda embarazada y tiene a su hijo Isaac.

El pueblo judío reconoce a Isaac, el hijo de Abraham y Sara, como su antepasado, y a los 12 hijos de su hijo Jacob, como los creadores de las 12 tribus de Israel.

¿**Qué** es el budismo?

El budismo es una concepción religiosa y filosófica que surgió en el siglo v a. C. y sigue las doctrinas de Siddhartha Gautama, conocido como Buda, «el que ha despertado». La doctrina budista afirma que los hombres viven en un sueño que no les permite liberarse de la rueda de los renacimientos y que por esto no comprenden el verdadero sentido de la vida. Para el budismo esta liberación, que se llama *nirvana,* implica despertar y comprender la realidad suprema y absoluta del mundo.

Siddhartha Gautama vivió en el norte de la India hace unos 2500 años. Pertenecía a una poderosa familia de guerreros y gobernantes, pero no estaba conforme con su vida. A los 29 años se alejó de la casa de sus padres y comenzó a vivir como un asceta meditando y ayunando.

Pasó siete años viviendo de este modo, hasta que se dio cuenta de que aquel no era el camino para llegar a la perfección, pues de esa manera se dañaba a sí mismo.

A los 36 años, en Badhgaya, cerca de Benarés, Siddhartha se sentó a meditar y juró que no se levantaría hasta encontrar lo que buscaba: la *iluminación,* un intenso estado de compasión y amor profundo hacia todos los seres vivientes; una energía mental y espiritual inagotables.

Para los budistas Buda no es un mesías ni un dios. Se trata de aquel que despertó y pudo mostrar a sus seguidores el camino hacia la perfección.

En su primer discurso, conocido como el sermón de Benarés, Siddhartha afirmó que el dolor era universal y dominaba a los hombres por su egoísmo. Consideraba que para dejar de sufrir había que abandonar todos los anhelos.

Según los budistas, el discurso de Siddhartha puso en marcha la rueda del *dharma,* que es un medio de enseñanza por el que todos pueden liberarse de los sufrimientos y alcanzar el máximo grado de perfección: el nirvana.

Niños monjes
Las familias budistas más devotas presentan en el templo a sus niños para iniciarlos en la vida monástica cuando cumplen cuatro años. Los pequeños se presentan con ropas lujosas que luego cambian por una modesta túnica, recordando el renunciamiento de Buda. Los monjes afeitan sus cabezas y los invitan a quedarse por un tiempo allí. Esta es una de las ceremonias más solemnes de los budistas.

La rueda de la vida
Según los budistas, los seres humanos están inmersos en la rueda de los renacimientos. Hay renacimientos favorables, que convierten a los espíritus en hombres o mujeres, dioses y héroes. Pero también los hay desfavorables, que los transforman en animales, hambrientos y condenados a sufrir. Se renace en uno de estos reinos según como haya sido la vida anterior, es decir, el karma.

La doctrina de Buda pregonaba un noble camino para acabar con el sufrimiento: seguir una vida recta, no dañar a nadie, dominar las pasiones, meditar y aprender con sabiduría.

¿**Quién** fue Confucio?

onfucio fue un filósofo chino que nació alrededor del año 551 a. C. De origen humilde, estudió con empeño y llegó a ser uno de los hombres más sabios de China. Vivió en tiempos de crisis y creó una religión eminentemente política que buscaba restablecer las bases de un sistema de gobierno perfecto. Creía que la armonía de un pueblo solo se podía lograr si la autoridad quedaba en manos de los más sabios y llamaba a recuperar las tradiciones más antiguas.

Los discípulos de Confucio fueron quienes lograron difundir e instalar sus ideas entre los nobles, ya que el filósofo, en vida, no consiguió tener demasiada influencia política.

El templo de Confucio

Confucio murió en el año 479 a. C., en Lu, su tierra natal, y fue enterrado en Qufu (Shandong). Un año después, el rey del estado de Lu reconstruyó la vivienda de Confucio en su honor y la transformó en un templo donde se guardaron sus reliquias (sus ropas, su sombrero y su laúd). El edificio fue ampliándose a lo largo del tiempo y en 1994 la Unesco lo declaró Patrimonio de la Humanidad.

Cadena de la virtud

Confucio creía que los dirigentes –gobernantes y príncipes– debían tener un comportamiento ejemplar para su pueblo, ya que si el príncipe era virtuoso, sus súbditos lo imitarían. Del mismo modo, si el marido era virtuoso, su mujer también lo sería y, a su vez, los hijos seguirían el ejemplo de sus padres. Consideraba que una sociedad solo podía prosperar si se mantenían en armonía estas relaciones de sumisión.

Mitología china

Los eruditos confucianos recrearon la historia de China mezclando personajes históricos, como los antiguos soberanos, con hechos mitológicos. Incluso se atribuían a los personajes rasgos divinos. Por ejemplo, se cuenta que en tiempos remotos el rey Yu Si (2500 a. C.), con la ayuda de la diosa Nüwa, abrió las aguas de un inmenso mar sin límites y así surgió el territorio que hoy conocemos como China.

Confucio creó una secta religiosa que no tenía otra intención que la de transmitir la sabiduría de los antepasados, por la que sentía un gran respeto.

Logró cristalizar un sistema de gobierno que perduraría en China desde el siglo II a. C. hasta 1912.

A los 50 años se dedicó a recorrer el principado y a instruir a quienes lo escuchaban. Pronto fue reconocido como uno de los hombres más sabios de China.

Las ideas de Confucio fueron recopiladas por sus discípulos, quienes escribieron sus enseñanzas y las compendiaron en varias obras, llamadas *Anacletas,* que eran charlas que los seguidores tuvieron con su maestro.

A partir de la dinastía Han (202 a. C.) las enseñanzas de Confucio tuvieron una gran influencia en la conformación de la sociedad china y sus costumbres.

Las normas confucianas

El ideario confuciano se basa en cuatro conceptos fundamentales:
El *li* representa la moral, los ritos, el respeto y el correcto comportamiento.
El *jen* es la benevolencia, la humanidad y el amor a los demás.
El *hsiao* es la piedad filial y la obediencia, y se refleja en las relaciones entre los súbditos y sus superiores.
El *i* es el sentido del deber, la justicia, la rectitud y los principios; la prioridad del bien público antes que el provecho personal.

Bronces mágicos

Antes del confucianismo en China se hacían sacrificios en honor de los antepasados para lograr la felicidad del país y de la dinastía reinante. Se realizaban piezas de bronce que funcionaban como talismanes mágicos para quienes los poseían. Los artesanos metalúrgicos eran considerados magos y alquimistas a la vez, pues se creía que la fundición del bronce permitía la creación de vida. Sólo el soberano y algunos nobles podían poseer una pieza de bronce.

15

¿**Qué** representaba el faraón en el antiguo Egipto?

Los egipcios vivían en una larga franja a orillas del río Nilo. Cada región tenía sus propios dioses, pero todos los habitantes consideraban que el faraón tenía el don de lograr buenas cosechas, de engordar a los animales y de conseguir que las fértiles crecidas del Nilo abonaran las orillas en cada estación. Se creía que el faraón era un ser divino, un representante de los dioses en la Tierra que debía recibir ofrendas y ser complacido, y que al morir se convertía en un dios verdadero y seguía cuidando a sus súbditos desde el más allá.

Los egipcios creían en la vida después de la muerte. Por eso momificaban a los faraones y a los miembros de la familia real para que pudieran viajar al otro mundo en condiciones óptimas.

El cuerpo del faraón se trasladaba en una barcaza funeraria por el río Nilo hasta las cercanías de la tumba.

Los egipcios de las primeras dinastías no conocían la rueda. Para trasladar el sarcófago por tierra firme, este se colocaba sobre un trineo que permitía un deslizamiento más suave.

Cambios en la religión egipcia

El faraón Akenatón (hacia el siglo XIV a. C.) quiso cambiar la religión politeísta de Egipto imponiendo el culto a Atón, su dios preferido. Atón representaba al Sol y poco a poco la religión le atribuyó la creación de la tierra y de los hombres. Akenatón se adjudicaba el poder de representar a Atón en la tierra. Esta modalidad monoteísta era de fácil comprensión para todos los pobladores, incluso para los pueblos conquistados por los egipcios; sin embargo, tras la muerte de Akenatón, volvió el politeísmo a Egipto.

Las pirámides eran tumbas que tenían la finalidad de convertirse en el hogar de un faraón divinizado. Su forma se asemejaba a una montaña con su base en la tierra y la cúspide apuntando al cielo.

Los artistas egipcios decoraban los sarcófagos con pinturas de colores y reproducían el rostro del faraón en máscaras de metales preciosos.

Las tumbas guardaban ricos tesoros: joyas, alimentos y armas que servían para que al faraón no le faltara nada en su viaje al otro mundo.

El cuerpo del faraón muerto era trasladado por una avenida que conducía hasta el templo. Allí los sacerdotes realizaban las tareas de embalsamamiento. Luego, la momia era llevada en un lujoso sarcófago a la cámara sepulcral de la pirámide.

Un cortejo de sacerdotes, plañideras y esclavos acompañaba el cuerpo hasta la morada final, que era la pirámide.

¿**Quién** pronunció
el sermón de la montaña?

El llamado sermón de la montaña fue pronunciado por Jesús de Nazaret. Se trata de uno de los hechos más reconocidos en la vida de este maestro espiritual judío que vivió hace unos 2000 años. Jesús fue un profeta que rompió con las estrictas tradiciones del judaísmo y se convirtió en un personaje muy popular que tuvo entre sus seguidores a muchos judíos y no judíos. Para los cristianos, es el Mesías, y por eso lo denominan Cristo, es decir, el Hijo de Dios hecho hombre.

Tras curar a varios enfermos, Jesús ascendió por la ladera de una montaña y desde allí habló a una multitud de seguidores.

El sermón de la montaña aparece relatado en el Evangelio de Mateo y se cree que sucedió alrededor del año 30 en un monte de Galilea.

Inició el sermón con las bienaventuranzas, de carácter moral y religioso. También enseñó el Padrenuestro, la oración más importante del cristianismo.

La Última Cena

Según los cuatro Evangelios, después de predicar por toda Palestina, Jesús entró en Jerusalén para celebrar la Pascua con sus seguidores. En esta ciudad, centro de la vida religiosa judía, la presencia de Jesús y su prédica no fueron bien vistas por las autoridades. En la víspera de la Pascua Jesús y los 12 apóstoles se reunieron para cenar. Pero uno de ellos, Judas Iscariote, lo traicionó y reveló al sanedrín (el consejo religioso judío) el lugar donde podían encontrar al Maestro. Acusado de blasfemias, Jesús fue entregado a las autoridades romanas para que se le aplicara la pena de muerte y fue crucificado.

Jesús no escribió sus ideas. Estas fueron recogidas por sus seguidores más cercanos y volcadas en los Evangelios. Allí se incluyen las parábolas, que eran narraciones que utilizaba Jesús para dar una lección moral y predicar de manera simple y fácil de comprender.

Para los cristianos, el sermón de la montaña contiene la base del ideario de la religión que nació con Jesús.

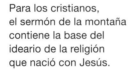

Las bodas de Caná

En el Evangelio de Juan se relatan algunos de los milagros de Jesús. El primero de ellos se produjo en la boda de Caná, en la que se había agotado el vino y Jesús transformó el agua en esta bebida. Sin embargo, el más notable de los milagros es el de la resurrección de Lázaro, que había sido enterrado y volvió a la vida tras las palabras de Jesús.

Bautismo de Jesús

Jesús fue señalado por su primo, Juan el Bautista, como su sucesor. Fue él quien bautizó a Jesús en el río Jordán y, según la tradición, mientras lo hacía descendió el Espíritu Santo en forma de paloma y se oyó la voz de Dios.

¿**Cómo** se celebra el Año Nuevo chino?

P ara los chinos el Año Nuevo es una fiesta única y quizá la más importante de todo el año. Desde hace más de 4700 años se celebra el primer día del primer mes del calendario lunar. Desde sus orígenes este festejo está relacionado con la agricultura, ya que generalmente coincide con el comienzo de la primavera, tiempo de la recolección de frutos. La última noche del Año Viejo, la gente limpia sus casas con la intención de ahuyentar la mala suerte.

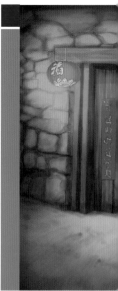

Durante el Año Nuevo las calles se pintan y se iluminan de rojo, porque los chinos creen que ese color espanta el mal y la mala suerte.

Los fuegos artificiales, según los chinos, ahuyentan los malos espíritus y evitan que el monstruo Nien regrese.

En las puertas de las casas se cuelgan carteles rojos con inscripciones relacionadas con la buena fortuna, la felicidad y la longevidad.

Los dragones se elaboran con telas verdes porque este color simboliza la abundancia; los dorados y plateados son signo de prosperidad. Las telas se bordan sobre una estructura de madera que se mueve gracias a largas cañas de bambú.

Generalmente, un grupo de músicos acompaña a cada dragón tocando instrumentos musicales, como címbalos, gongs, cajas chinas y tambores.

Nien y el Año Nuevo

Según los chinos, hace mucho tiempo un pueblo fue destruido por un monstruo llamado Nien a finales del invierno. Al año siguiente el monstruo volvió en la misma época y terminó de destruir el poblado. En los años sucesivos, los pobladores usaron antorchas y fuegos artificiales para espantarlo. Los niños salieron a las calles con tambores y gongs y el ruido estrepitoso lo ahuyentó. Desde entonces cada año se celebra el triunfo con ruidosos festejos que mantienen a Nien bien lejos.

El calendario chino

El año chino es lunar y consta de 12 meses que se inician con la Luna nueva y tienen entre 29 y 30 días; es decir, que cada año dura entre 353 y 355 días. Por eso, aproximadamente cada tres años se intercala uno con 13 meses lunares. Desde la instauración del budismo cada año recibe el nombre de un signo del Zodiaco chino: rata, búfalo, tigre, conejo, dragón, serpiente, caballo, mono, cabra, gallo, perro y cerdo.

Una noche especial

En la víspera del Año Nuevo las familias se reúnen a cenar. Las comidas que preparan simbolizan la abundancia, la prosperidad o el bienestar. En el campo se suele hacer una sopa con todos los cereales que se espera que crezcan en abundancia al año siguiente.

La familia entrega sobres rojos con dinero a los niños y a los ancianos para desearles buena suerte. Los chinos creen que si pasan la noche de la víspera sin dormir, su vida será más larga, y por eso en muchos hogares se realizan ceremonias religiosas, juegos y charlas que mantienen despierta a toda la familia.

La danza del dragón es característica de este festejo. Para llevar la figura pueden necesitarse entre 9 y 100 porteadores que deben hacerla zigzaguear para lograr mayor impacto.

Las grandes cabezas de los leones ahuyentan todos los males. Bailan en zigzag dando pasos hacia delante y hacia atrás, ya que según la tradición los fantasmas solo pueden caminar en línea recta.

¿**Cuál** es el hito fundacional del islamismo?

Mahoma, en árabe *Muhammad ibn Abd Allah,* nació en La Meca hacia el año 570 y fue el fundador y profeta del islam. Creó una religión monoteísta que no difería demasiado en sus comienzos del cristianismo y del judaísmo. En el año 622, después de predicar diez años en La Meca sin demasiado éxito, partió hacia Yatrib, que luego se denominaría Medina (ciudad del profeta). La salida de Mahoma de La Meca, conocida con el nombre de *Hégira* («emigración»), se considera el hito fundacional del islamismo y da inicio al año 1 del calendario musulmán.

Mahoma predicó entre las tribus nómadas de beduinos que vivían en el desierto. Aunque eran politeístas y adoraban a los ídolos de La Meca, aceptaron fácilmente las doctrinas del islamismo.

El profeta y sus seguidores vivieron diez años de exilio recorriendo pueblos en el desierto, antes de consolidar su fuerza y volver a entrar victoriosos en La Meca.

Los califas, sus seguidores

Mahoma murió en el año 632 cuando preparaba una invasión a Siria, que por entonces era cristiana y pertenecía al Imperio bizantino. Tras su muerte, se eligió a Abu Bakr al Siddiq como califa, palabra que significa «seguidor del profeta». Esta elección dio origen a la dinastía Omeya, que rigió los destinos de los seguidores de Mahoma durante más de 100 años.

Mahoma predicaba que Alá era misericordioso, recompensaba a los justos y no quería injusticias ni la opresión que los ricos ejercían sobre el pueblo.

En su periplo desde La Meca hasta la ciudad de Medina proclamó que todas las personas, sin distinción de raza o color, podían unirse al islam. Su mensaje tenía carácter universalista y personal.

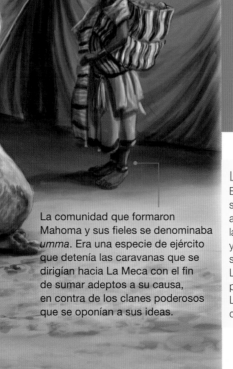

La comunidad que formaron Mahoma y sus fieles se denominaba *umma*. Era una especie de ejército que detenía las caravanas que se dirigían hacia La Meca con el fin de sumar adeptos a su causa, en contra de los clanes poderosos que se oponían a sus ideas.

Prohibiciones islámicas

Mahoma con los ángeles es una miniatura del siglo VII. En todas las representaciones se ve al profeta con el rostro en blanco, ya que el islam prohíbe dibujarlo. Tampoco se acepta que Alá sea adorado a través de imágenes; por eso, lo único que decora el Corán son bellas guardas y la típica caligrafía árabe.

La revelación

Según la tradición, en el año 610, cuando Mahoma tenía 40 años, se le presentó el arcángel Gabriel para decirle que a partir de ese día debía dedicarse a difundir el mensaje de Alá y que recibiría las enseñanzas directamente de Él. Mahoma se convirtió en profeta y apóstol en La Meca, donde predicó durante diez años.

La Meca

Es la ciudad sagrada de los musulmanes, porque allí nació su profeta, Mahoma; no obstante, ya era un sitio especial antes del nacimiento del islam. En La Meca se encuentra la *Kaaba,* un santuario en forma de cubo, hecho de piedra y cubierto con una tela negra bordada en oro, que simboliza «la casa de Dios» para los musulmanes.
La Piedra Negra de la *Kaaba* indica el punto de partida para la vuelta ritual que se hace alrededor del santuario. La peregrinación a La Meca se considera uno de los pilares del islamismo.

¿**Cómo** es el hinduismo?

El hinduismo surgió de las antiguas religiones de los pueblos indoeuropeos hace unos 2500 años. Desde su origen, se mezclan muchos dioses y diversas maneras de practicar la religión. Sin embargo, lo que une a todos los hinduistas es el *dharma,* que para ellos es el camino correcto. Este se alcanza mediante conductas éticas, el cumplimiento de ciertos ritos religiosos y con obligaciones concretas que redundarán en las vidas futuras, ya que creen en la eterna reencarnación *(samsara).*

Cada año los peregrinos de diversas regiones de la India viajan hasta el sagrado río Ganges para sumergirse en sus aguas. Es una de las ceremonias más importantes de los hinduistas.

Los hinduistas creen en la reencarnación y consideran que cada acto de la vida tiene una consecuencia *(karma)* en las futuras reencarnaciones. Si el karma de las vidas anteriores no fue bueno, el de la vida presente tampoco lo será.

Muchas personas abandonan todos sus bienes para dedicarse a peregrinar por diversos sitios sagrados. Según su creencia, aquel que muere peregrinando se libera del ciclo de las reencarnaciones.

Las vacas y las personas

Para el hinduismo todos los animales merecen respeto, pero más aún la vaca, por ser el animal preferido de Krishna. Para ellos es la segunda madre de los humanos y proporciona todo lo que se necesita. Por eso se considera sagrada y no se puede matar. En la India las vacas deambulan libremente y muchas veces cortan el tránsito en las calles.

Celebraciones funerarias

En el hinduismo, el cuerpo es considerado solo un envase que contiene el alma. Por eso, cuando una persona muere, el cuerpo se incinera para que el alma quede libre y pueda reencarnar. Tras la cremación, las cenizas se vierten en los ríos sagrados, especialmente en el Ganges. Las celebraciones funerarias hindúes se llaman *Antim Sanskar,* que significa «los últimos ritos». Cada año, y durante 15 días, la India rinde homenaje a sus muertos rezando por el bienestar del espíritu del difunto.

El carnaval hindú

Una de las festividades más coloridas que se realizan entre febrero y marzo en Jaipur, Rajastán, es la de Holi, una fiesta semejante al carnaval cristiano. Antes de comenzar esta celebración, en las calles se preparan pequeñas hogueras en cuyo centro se coloca la figura del malvado dios Holika. Cuando las hogueras se encienden, comienza el festejo, las calles se visten de color y se realizan desfiles de elefantes pintados y vestidos con lujosas ropas de seda.

Los dioses preferidos

En la India hay una gran cantidad de templos y lugares de culto. Existen muchos dioses y diosas, considerados manifestaciones de un principio único y absoluto que llaman *Brahman*. Los fieles eligen el dios que más les gusta para adorarlo y adjudicarle los mejores atributos. Los dioses con más seguidores son Shiva, Shakti y Vishnu (en la imagen).

Algunos fieles trasladan las imágenes de sus dioses preferidos hasta el río y las lavan, las perfuman y luego les hacen peticiones.

A lo largo del río hay distintos lugares sagrados que los peregrinos recorren. Los fieles creen que lavarse en las aguas del río Ganges los purificará.

Caminos hacia el *dharma*

Para los hinduistas hay cuatro caminos para alcanzar el *dharma:* el de la acción *(karma)*, de manera que cada acto de la vida se lleve a cabo con responsabilidad, como una ofrenda a los dioses; el de la devoción *(bhakti)*, mediante la adoración de los dioses, la peregrinación, la celebración de las festividades y el cumplimiento del culto diario; el de la sabiduría *(jñana),* que implica el estudio de los textos sagrados y la senda del yoga, una práctica que permite la liberación del *samsara* mediante ejercicios físicos y respiratorios y la meditación.

¿**Qué** es el shabat?

Es la única festividad que se menciona en los mandamientos y una de las costumbres judías más representativas. Comienza al caer la tarde del viernes, cuando la mujer del hogar enciende un par de velas y mediante un ritual «acerca» la luz hacia sí. Durante la jornada los judíos no pueden realizar ningún tipo de trabajo, ya que es un día de descanso y está destinado a Dios. El *shabat* culmina el sábado por la noche con la ceremonia de la *havdalá* (que significa «separación»).

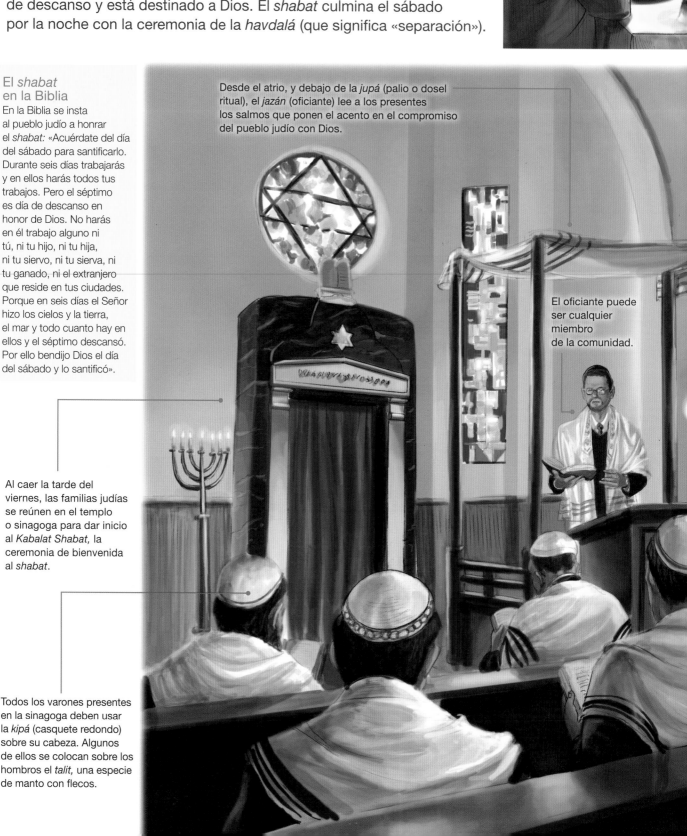

El *shabat* en la Biblia

En la Biblia se insta al pueblo judío a honrar el *shabat:* «Acuérdate del día del sábado para santificarlo. Durante seis días trabajarás y en ellos harás todos tus trabajos. Pero el séptimo es día de descanso en honor de Dios. No harás en él trabajo alguno ni tú, ni tu hijo, ni tu hija, ni tu siervo, ni tu sierva, ni tu ganado, ni el extranjero que reside en tus ciudades. Porque en seis días el Señor hizo los cielos y la tierra, el mar y todo cuanto hay en ellos y el séptimo descansó. Por ello bendijo Dios el día del sábado y lo santificó».

Desde el atrio, y debajo de la *jupá* (palio o dosel ritual), el *jazán* (oficiante) lee a los presentes los salmos que ponen el acento en el compromiso del pueblo judío con Dios.

El oficiante puede ser cualquier miembro de la comunidad.

Al caer la tarde del viernes, las familias judías se reúnen en el templo o sinagoga para dar inicio al *Kabalat Shabat,* la ceremonia de bienvenida al *shabat.*

Todos los varones presentes en la sinagoga deben usar la *kipá* (casquete redondo) sobre su cabeza. Algunos de ellos se colocan sobre los hombros el *talit,* una especie de manto con flecos.

La cena de *shabat*

Después de la ceremonia religiosa, las familias judías regresan a sus hogares. El padre bendice a sus hijos y se realiza el ritual del *kidush,* que es la bendición del vino y el pan. La cena familiar consiste en platos elaborados y calentados con antelación, ya que ese día las tareas culinarias están prohibidas.

La pascua judía

Pesaj es una de las celebraciones clave en el calendario ritual judío. Este festejo se inicia con la primera Luna llena de primavera y dura ocho días, en los que se rememora la huida de los judíos de Egipto. Durante esta festividad solo se puede comer pan ácimo, sin levadura.

Sucot

Cinco días después de *Yom Kippur* (el día del perdón) llega la fiesta del *Sucot,* palabra hebrea que significa «tabernáculos o cabañas». Esta festividad representa el día de acción de gracias por las cosechas y conmemora la travesía del pueblo de Israel por el desierto en busca de la Tierra Prometida. Durante la celebración las familias construyen tiendas de tela y madera fuera de sus casas, lo que les recuerda que todo es provisional y depende de la voluntad de Dios.

El *shabat* es una ceremonia alegre. Por eso, los presentes lucen sus mejores galas y la sinagoga se decora con flores.

Janucá

Entre las fiestas de invierno, una de las más importantes es *Janucá,* conocida como el festival de la luz. Esta celebración dura ocho días y en cada jornada debe encenderse una vela de un candelabro de nueve brazos, llamado *januquiá.* El último día se enciende la vela central, se realizan festejos y los niños reciben regalos. Esta festividad recuerda los ocho días de purificación del templo que realizaron los judíos, en el año 165 a. C., cuando este recinto fue profanado por los griegos. Durante *Janucá* los niños juegan con una especie de perinola llamada *sevivon,* que en cada una de sus cuatro caras tiene letras que son siglas de la frase «Un gran milagro ocurrió allí».

¿**Por qué** los musulmanes ayunan en el mes de Ramadán?

Ramadán es el mes en que fue revelado el libro sagrado de los musulmanes y cuando se considera que se manifestó la doctrina del islam. Durante este período los fieles deben hacer ayuno y otras prácticas rituales desde la salida del sol hasta el ocaso. Para los musulmanes es un tiempo de oración y reflexión, que mejora a las personas, les da claridad, les permite descubrirse y les transmite fuerza de voluntad.

La religión musulmana se basa en la oración, el ayuno, la limpieza y la limosna. Estos preceptos se cumplen obligatoriamente y son un medio para la purificación. Pero sus beneficios espirituales pueden perderse si el fiel miente o calumnia, si jura en falso o siente envidia o codicia.

El Ramadán es una de las fiestas islámicas más importantes del calendario musulmán y se realiza en el noveno mes, recordando la fecha en que Mahoma recibió la revelación.

Para los musulmanes la relación con Alá es directa: no hay sacerdotes ni jerarquías religiosas. Todos pueden cumplir con las abluciones y las oraciones diarias sin necesidad de intermediarios.

Durante el Ramadán a los musulmanes mayores de edad les está prohibido comer, beber y fumar desde que sale el sol hasta que se oculta.

El templo musulmán

La mezquita, en árabe *masjid,* es el edificio destinado a la reunión de los musulmanes para orar. La primera se construyó en Medina, la llamada ciudad del profeta Mahoma. En todas las mezquitas hay un patio donde los fieles se lavan antes de orar y también un muro, llamado de la *quibla,* en cuyo centro se sitúa un nicho o panel decorado, denominado *mihrab,* que señala en dirección a La Meca. En la imagen, el patio de la mezquita de Al Azhar, en El Cairo, Egipto.

Si un musulmán cumple con los preceptos del Corán, se siente parte de una comunidad y hermano de aquellos que hacen la misma elección.

La puesta del sol marca el final del ayuno. Es entonces cuando la familia se reúne alrededor de la mesa para la comida llamada *iftar*.

Taraweeh

Durante el mes de Ramadán, tras la cena, los fieles se reúnen en la mezquita para la oración del Ramadán, que se llama *taraweeh*. La oración está dividida en partes que deben recitarse en distintas posiciones. También a lo largo de este mes se realiza la lectura completa del Corán.

Primeras y últimas palabras

Cuando nace un bebé musulmán, lo primero que hace su padre es susurrarle al oído frases del Corán. De igual manera, a las personas moribundas se les recitan palabras del Corán al oído para que se sientan más cerca de Alá.

Escuelas coránicas

Desde muy pequeños los niños musulmanes aprenden las enseñanzas del Corán. Recitando sus versículos, los más pequeños aprenden a leer y escribir. Existen escuelas de estudios superiores, llamadas *madraza,* que cuentan con un gran patio al que dan varias aulas y los dormitorios de los estudiantes. Estos edificios generalmente tienen una mezquita propia.

¿**Qué** representaban los primeros mapas?

Desde tiempos remotos, los seres humanos buscaron la manera de representar sectores de la superficie terrestre. Los primeros mapas correspondían a regiones muy cercanas a quienes los hacían. Sin embargo, a medida que se exploraron nuevas tierras y se fueron ampliando los horizontes del mundo, comenzaron a representar regiones muy alejadas, aunque no siempre resultaban confiables. Para la exploración, para la guerra o para delimitar regiones, la creación de los mapas tuvo una gran importancia.

Los babilonios de la Mesopotamia asiática representaban sus tierras en tablillas de arcilla. En estos mapas la región conocida por ellos estaba delimitada por un círculo dividido por el río Tigris.

Los mapas babilónicos tenían como única finalidad medir las tierras para el cobro de los impuestos.

Entre los siglos I y II d. C. Ptolomeo perfeccionó las técnicas de representación de mapas. Como conocía la esfericidad de la Tierra, realizó una proyección cónica para intentar reproducirla en un plano.

Ptolomeo orienta su modelo de mapa teniendo en cuenta la ubicación del Polo Norte y le agrega coordenadas a su modelo.

¡América a la vista!

En 1492 el navegante Juan de la Cosa, propietario de la nave *Santa María*, se embarcó como maestre del almirante Cristóbal Colón. En 1499 realizó su tercer viaje y cartografió las costas descubiertas. Un año después, por encargo de los Reyes Católicos, realizó el primer planisferio en el que aparecía representado el Nuevo Mundo. Se trataba de un mapa vertical, con una sección blanca que correspondía a Europa y una verde que era América.

Primeros mapas

Probablemente una marca en la arena haya sido la primera representación de un lugar, sin embargo, los mapas más antiguos que se conocen son los que hacían los nativos de las islas Marshall. Las valvas y caracolas indicaban la situación de las islas, mientras que el entramado de las varillas y sus curvaturas señalaban los frentes de las olas.

La proyección de Mercator

Para representar la Tierra sobre un plano los cartógrafos realizan proyecciones que buscan plasmar su aspecto con exactitud. Gerhard Mercator (1512-1594) fue un reconocido cartógrafo belga que en 1569 realizó una proyección concibiendo el planeta como un globo inflable que se introducía en un cilindro. Esta proyección era exacta a la altura del ecuador, pero se deformaba a medida que se acercaba a los polos. Aún hoy es la más reconocida.

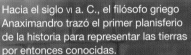

Hacia el siglo VI a. C., el filósofo griego Anaximandro trazó el primer planisferio de la historia para representar las tierras por entonces conocidas.

Europa, Asia y Libia (África) eran porciones equivalentes de un círculo, y cada continente estaba separado del otro por un río o un mar: Europa y África estaban separadas por el Mediterráneo; África y Asia, por el río Nilo, y Asia y Europa, por el mar Negro.

Mapa de satélite

En la actualidad, para trazar mapas más precisos, los cartógrafos cuentan con imágenes que envían los satélites de observación terrestre. Estas imágenes de satélite también ayudan a comprender los cambios geológicos que se producen en el planeta.

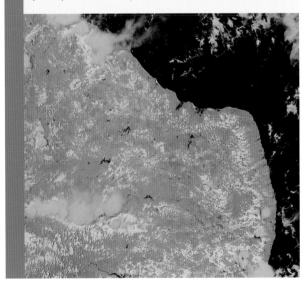

En la Baja Edad Media, los navegantes elaboraban mapas náuticos bastante precisos, llamados *portulanos*.

En los portulanos se marcaban las rutas posibles de un puerto a otro. Eran mapas que se realizaban especialmente para los comerciantes europeos.

¿**Qué** fue la Reforma?

En el siglo XVI la Iglesia cristiana se encontraba en crisis. Muchos cuestionaban los dogmas, las jerarquías y en especial la figura del Papa y sus intereses políticos y económicos. En 1517 un monje cristiano llamado Martín Lutero (1483-1546) clavó sobre la puerta de la iglesia del castillo de Wittenberg, en Alemania, sus 95 tesis sobre el pecado y el arrepentimiento. Él y sus seguidores querían volver al espíritu de los primeros cristianos, tal como se relataba en los Evangelios.

En 1520 la Iglesia excomulgó a Lutero. Muchos gobernantes alemanes vieron esto como un atropello y un exceso de las autoridades eclesiásticas y decidieron apoyarlo.

Lutero tradujo al alemán las Sagradas Escrituras, para que cualquiera pudiera acceder a sus enseñanzas. Hasta entonces la Biblia se escribía en latín y solo podían leerla los sacerdotes y religiosos.

¡Vendo perdones!

A mediados del siglo xv la venta de indulgencias estaba totalmente organizada. Solo algunos pecados podían ser redimidos si se pagaba una indulgencia, una especie de carta papal que perdonaba a los pecadores. Tal fue el éxito de este mecanismo que se organizó un comercio de indulgencias. El monje dominicano Johann Tetzel negociaba con ellas y las vendía en los distintos poblados de Alemania.

Lutero y sus seguidores fueron llamados «protestantes» porque en la Dieta de Spira (1519) hicieron declaración *(protestatio)* de su fe y del rechazo a los dogmas no contenidos expresamente en la Biblia.

Las 95 tesis eran un enfrentamiento abierto a las indulgencias y bulas papales que eximían de obligaciones religiosas o perdonaban los pecados a quien pudiera pagar por ellas.

Las críticas de Lutero se centraban básicamente en las jerarquías eclesiásticas que se lucraban con la fe, la angustia y los temores de los fieles. El monje consideraba que los perdones que la Iglesia entregaba no tenían valor ni acercaban al pecador a Dios.

Más Biblias para todos

En los países católicos la lectura de los pasajes bíblicos estaba en manos de los sacerdotes. En 1455 el alemán Johannes Gutenberg inventó una imprenta de tipos móviles que facilitaba la impresión de libros a menor costo. La Biblia fue la primera obra que se imprimió en aquel taller y permitió que mucha más gente accediera a su lectura directa, sin intermediarios ni interpretaciones ajenas. Aprender a leer se convirtió en un valor importante para el mundo reformado.

Iconos sí, iconos no

En la Edad Media se produjeron enfrentamientos y guerras entre el Papa y algunos príncipes, especialmente de Alemania y Francia. Estos conflictos llevaron al nombramiento de varios papas, cada uno de ellos designado por un monarca. Entre 726 y 843 se produjo una disputa entre los cristianos que estaban en contra de que hubiera imágenes religiosas y los que las aceptaban. Esto generó la separación de la Iglesia católica de la ortodoxa de Oriente.

¿**Por qué** se celebra la Navidad?

La Navidad es una de las fiestas más importantes de los cristianos. Se celebra el 25 de diciembre y recuerda el nacimiento de Jesús en Belén. El origen de esta fecha coincide con las fiestas paganas en las que los griegos celebraban el solsticio de invierno y el nacimiento de los dioses solares Apolo y Helios. Fue en los primeros siglos de la era cristiana cuando se estableció esta fecha para recordar el nacimiento del Hijo de Dios y reemplazar así las antiguas fiestas paganas.

Tradiciones navideñas

No importa dónde se celebre, la Navidad tiene tradiciones que son universales y se manifiestan de manera semejante en cualquier lugar del mundo.

Un árbol con nieve

El árbol navideño procede de tradiciones paganas de los pueblos nórdicos, que rendían culto a algunos árboles, sobre todo al roble. Los cristianos lo reemplazaron por el pino, que es un árbol de hoja perenne y representa el amor eterno a Dios. Lo decoraron con manzanas, símbolo del pecado original, y velas, que representaban la luz que Jesucristo trajo al mundo. Con el tiempo las manzanas y las velas fueron sustituidas por adornos y luces, pero la tradición sigue vigente, aun en países tropicales.

Papá Noel

También conocido como San Nicolás o Santa Claus, recuerda al obispo San Nicolás de Bari, muy venerado en la Edad Media por los milagros que se le atribuían. Originalmente era representado como un pequeño duende que recorría los hogares y dejaba regalos a los niños. La imagen actual de Papá Noel fue creada por el dibujante Habdon Sundblom, en 1931, para una campaña publicitaria de *Coca Cola*.

El pesebre de San Francisco

En el siglo XIII San Francisco de Asís reunió a los vecinos de la villa de Greccio para recordar a la Sagrada Familia y celebrar la misa de medianoche. Como la mayoría no sabía leer ni había accedido a la Biblia, San Francisco y sus seguidores representaron lo que sucedió la noche en la que nació Jesús. Este fue el primer nacimiento viviente y dio origen a los llamados *pesebres* o *nacimientos* que se arman en los hogares durante la Navidad.

Los padres de Jesús, María y José, se desplazaron hacia Belén para ser censados por los romanos. Como no encontraron posada en la aldea tuvieron que acomodarse en un establo. Allí fue, según el relato de Lucas, donde nació Jesús.

Dulce Navidad

En Alemania los preparativos navideños comienzan el 6 de diciembre, en el llamado período de adviento. Se hornean galletas de jengibre para decorar la casa y el árbol navideño; con ellas también se construyen pequeñas casitas que se comen el 24 de diciembre.

La Candelaria

El 2 de febrero de cada año, los países católicos celebran la «Fiesta de las Luces», también llamada *Candelaria*. Durante esa celebración, que recuerda la presentación del Señor en el Templo, se realizan procesiones por las calles con velas encendidas y se entonan canciones litúrgicas. Para los católicos esta fiesta es parte del relato de la Navidad, pues señala la llegada del Señor y su presentación al mundo.

En el Evangelio de Mateo se habla de la niñez de Jesús y es en este relato donde se cuenta la presencia de unos magos llegados de Oriente que le regalaron oro, incienso y mirra.

En la Edad Media, los magos que adoraron al niño Jesús fueron llamados Melchor, Gaspar y Baltasar.

Según la tradición, los Reyes Magos llegaron al establo guiados por una estrella.

Canciones de Navidad

Son conocidas con el nombre de villancicos y surgieron en el siglo XIII. En España se difundieron en el siglo XV y en Latinoamérica en el XVII. Tienen una estructura musical sencilla, con reminiscencias medievales, y su temática se centra en la Navidad y sus personajes (El niño Jesús la Virgen María y San José, los Reyes Magos, los pastores, etc.) Originalmente eran «canciones de villas» que recordaban hechos importantes de una comarca. Durante la Edad Media, la influencia de la Iglesia transformó estos cantos populares en una representación propia de la fiesta navideña.

Una planta con poderes

Según cuenta la tradición, los druidas celtas consideraban que el muérdago era una planta con poderes mágicos. Los celtas colocaban ramas de muérdago en los umbrales de sus viviendas, pues estaban convencidos de que las bayas de esta planta tenían poder curativo, alejaban los rayos, la maldad y las enfermedades, e incluso otorgaban el poder de la invisibilidad. Cuando los enemigos se encontraban debajo de una rama de muérdago, debían deponer las armas. De ahí nace la tradición de que besarse debajo de una rama de muérdago trae felicidad eterna.

¿Para **qué** se viste la gente?

La ropa es un reflejo del modo de vida de la gente que la usa, de los materiales que tiene a su alcance para confeccionarla y de las condiciones climáticas del lugar donde se utiliza. Es el conjunto de prendas que cubren el cuerpo por pudor y también para protegerlo de las inclemencias del tiempo. Antiguamente la ropa de hombres y mujeres era semejante, pero a principios de la Edad Media la vestimenta comenzó a ser distinta para cada sexo. Los materiales con los que estaba hecha indicaban la clase social de quien la usaba. Hoy, la sociedad sigue los dictados de la moda, que es lo último que sale al mercado en cuestión de indumentaria.

Los esquimales son pueblos nómadas que recorren la región que rodea al mar Ártico en busca de animales para cazar y alimentarse. Tanto durante el invierno como en verano deben usar pieles de animales para protegerse del frío extremo. Su calzado también está hecho con pieles y se impermeabiliza con grasa de foca.

Los pueblos bereberes del desierto africano son nómadas y atraviesan grandes territorios para que paste su ganado. Deben soportar las altas temperaturas del día y las frías noches del desierto.

Utilizan una holgada túnica de colores claros que los protege de los rayos del sol y mantiene el cuerpo más fresco. Sus ropas claras absorben poca cantidad de calor y permiten que el sudor se evapore.

Entre los pueblos africanos hay muchos que viven como en tiempos neolíticos. Algunos de ellos no usan ropas, ya que en sus sociedades no existe el pudor de mostrarse desnudos, otros llevan unos pequeños taparrabos hechos de piel de animales o de fibras vegetales.

El caftán es una larga túnica de algodón con mangas amplias muy usada entre los musulmanes. Ya se utilizaba en tiempos del Imperio otomano y era la prenda preferida de los sultanes, que lucían lujosos caftanes con colores específicos y un tipo de bordado especial que marcaba su jerarquía. Hoy se usa sobre las ropas occidentales.

El gaucho es el hombre de campo de América del Sur. Utiliza una indumentaria tradicional que le permite trabajar en las tareas campestres con comodidad. Antiguamente usaba el poncho como abrigo, impermeable y manta o almohada a la hora de acampar a la intemperie. Hoy solo cumple la función de abrigo.

Un invento a la moda

En 1872 un sastre llamado Jacob Davis se acercó a la mercería de Levi Strauss para comentarle que los bolsillos de los pantalones que compraban los mineros se rompían enseguida. Davis tenía una idea fantástica para resolver el problema, pero no podía llevarla a cabo sin financiación. Se le había ocurrido hacer un pantalón de lona resistente, con costuras dobles y numerosos remaches de cobre en los bolsillos. Davis y Strauss patentaron la idea un año después y, sin saberlo, elaboraron la prenda más usada y conocida en el mundo: el pantalón vaquero.

Pieles naturales, ayer y hoy

La piel de los animales fue lo primero que utilizaron las personas de la prehistoria para proteger su cuerpo. Luego aprendieron a fabricar paños con fibras naturales, como el algodón, el lino o la lana, y las pieles fueron dejadas de lado por el trabajo que requería su conservación. Resurgieron en la Edad Media con los reyes germanos como signo de distinción y de lujo, al que accedían solo los soberanos. Hoy el uso de pieles es muy controvertido; existen numerosas organizaciones ecologistas que instan a la gente a no utilizarlas ya que es una práctica innecesaria que requiere la muerte de animales.

Estilo occidental

La ropa occidental es cómoda, práctica y se caracteriza por cambiar en cada temporada, según los dictados de la moda. «Estar a la moda» implica seguir los criterios de los diseñadores de la indumentaria que influyen sobre el estilo, el color o los accesorios que «no deben» faltar. La moda, que surgió como una manera de distinguirse y exhibir las riquezas, hoy es una tendencia seguida por la mayoría.

El sari es la indumentaria típica de las mujeres indias. Se trata de un paño rectangular hecho de seda o de algodón. Las mujeres indias se lo colocan de una manera casi ritual: primero ciñen una parte alrededor de la cintura y cruzan el paño restante sobre uno de los hombros y lo atan por detrás. El doblez del sari permite que la mujer pueda cubrirse la cabeza si lo desea.

Los nativos de la región montañosa de América del Sur utilizan prendas de lana de llama o guanaco para proteger su cuerpo y su cabeza, como los gorros de lana de colores con orejeras; los sombreros, llamados blancos de Cuzco, hechos con pelos de llama y de vicuña moldeados, y el poncho, una pieza cuadrada o rectangular con una abertura por donde se pasa la cabeza.

¿**Cómo** era la mezquita de Córdoba?

En el año 711 los árabes cruzaron el estrecho de Gibraltar e invadieron el territorio español, aprovechando la crisis que vivía el reino visigodo. Estuvieron en España casi ocho siglos y la convirtieron en el territorio más importante de Occidente en su tiempo. En España los árabes construyeron numerosas mezquitas, no muy distintas al resto de las viviendas. Pero a medida que la religión se fue instalando, aparecieron las llamadas «mezquitas de los viernes», que se ubicaban en las ciudades principales y servían para la oración colectiva. Una de ellas fue la mezquita de Córdoba.

Debido a las ampliaciones, la *quibla,* que era el muro final y señalaba La Meca, fue derribada y reconstruida más cerca del río Guadalquivir.

Al ampliarse se agrandó también la sala de oraciones y se incluyó una enorme biblioteca, donde trabajaban los copistas.

Las mezquitas construidas en España se inspiraban en la casa que Mahoma había mandado hacer en la ciudad de Medina.

La mezquita se edificó sobre la antigua iglesia visigoda de San Vicente, que a su vez estaba emplazada sobre un templo romano.

El edificio, de traza octogonal, contaba con 19 puertas de acceso y llegó a tener capacidad para unos 25000 fieles.

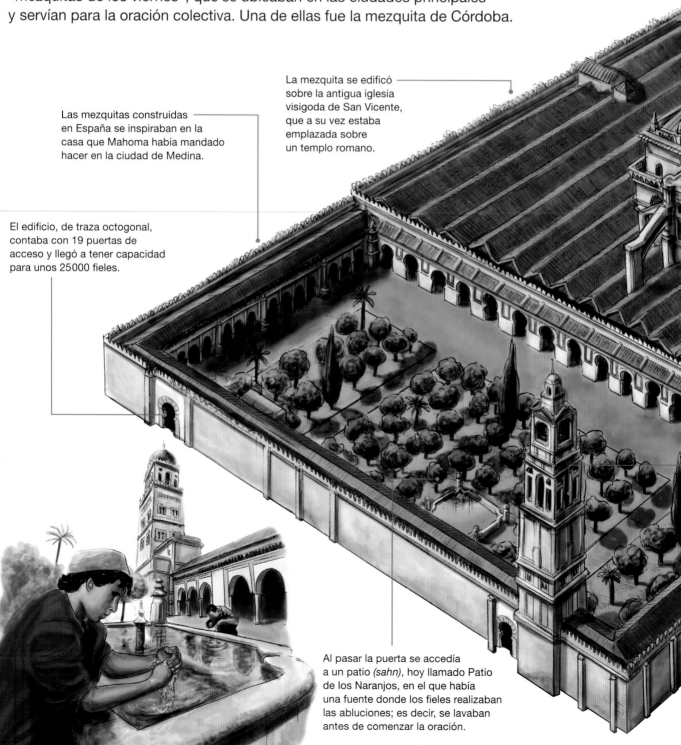

Al pasar la puerta se accedía a un patio *(sahn),* hoy llamado Patio de los Naranjos, en el que había una fuente donde los fieles realizaban las abluciones; es decir, se lavaban antes de comenzar la oración.

Las ampliaciones de la mezquita

La mezquita fue construida y ampliada en varias etapas. Los emires y califas que gobernaron Córdoba quisieron dejar su nombre grabado en la historia de la ciudad. Por eso, cada uno de ellos le fue agregando detalles hasta convertirla en la tercera más grande de su tiempo.

6. Año 1523: Tras la reconquista de los españoles, comienzan las obras para la construcción de la capilla mayor dentro de la mezquita.

5. Año 987: Almanzor amplía la construcción hacia el este. Agranda el patio y añade ocho naves más.

4. Año 964: Al-Hakam II realiza nuevas ampliaciones hacia el sur, con bellas cúpulas y decoración con mosaicos bizantinos.

2. Año 833: en vista de la importancia que cobra Córdoba, Abderramán II decide ampliar la mezquita hacia el sur.

3. Año 950: Abderramán III, primer califa de Córdoba, amplía el patio hacia el norte y construye el alminar.

1. Año 786: Abderramán I inicia la construcción sobre la iglesia de San Vicente. Son 11 naves perpendiculares al muro de la *quibla*.

En el muro de la *quibla* se agregó un oratorio o púlpito (el *mihrab*), donde el imán leía pasajes del Corán y hacia donde debían mirar los fieles al orar. Allí se guardaba un ejemplar sagrado del Corán.

Árabes en España

En el año 711 la península Ibérica pasaba por su peor momento. El poder del rey visigodo Rodrigo estaba debilitado. Advertidos de esto, los árabes de África del norte cruzaron el estrecho de Gibraltar e iniciaron la conquista de la Península. Se cuenta que los árabes quemaron sus naves, ya que estaban dispuestos a quedarse y expandir el imperio musulmán. Y eso fue lo que hicieron. Solo quedaron fuera de su dominio las tierras montañosas cercanas a la cordillera Cantábrica y a los Pirineos. La tierra conquistada fue llamada Al Ándalus, origen del nombre de Andalucía.

La torre, llamada *alminar* o *minarete,* se situaba en el ángulo de la mezquita donde estaba el patio para las abluciones. Desde allí el almuédano llamaba a los fieles a la oración.

De mezquita a catedral

Tras la conquista de Córdoba por parte de los españoles, en 1236, la mezquita fue transformada en una catedral cristiana. Al comienzo las modificaciones fueron mínimas y solo se hizo una capilla en su interior. Pero en el siglo XVI se decidió hacer una modificación total. El consejo de vecinos de Córdoba se opuso a que dentro del predio se construyera una catedral y hasta se promulgó una circular por la que se castigaba con la pena de muerte a quien trabajara en la obra. Pero el rey Carlos V intercedió y la obra se llevó a cabo. Para convertir la mezquita en una catedral se hicieron grandes cambios. El más llamativo fue el del antiguo alminar musulmán, que fue «forrado» con material para convertirlo en el campanario de estilo barroco que hoy se puede apreciar.

¿**Cómo** es la basílica de San Pedro?

La basílica de San Pedro, en el Vaticano, es el símbolo más importante de la cristiandad. Alrededor del siglo II se construyó un santuario donde descansaban los restos de san Pedro y dos siglos más tarde, por orden del emperador Constantino, se levantó una modesta basílica en honor del santo. Sin embargo, este santuario se fue deteriorando con el paso del tiempo y estuvo a punto de derrumbarse. En 1506 el papa Julio II puso la primera piedra de la basílica que hoy conocemos, y su construcción se terminó en 1626.

¿El Vaticano en África?
El cristianismo es una religión universalista. Aquí podemos apreciar una réplica de la basílica de San Pedro, ubicada en Costa de Marfil.

La cúpula, proyectada por el artista del Renacimiento Miguel Ángel, está sobre el altar mayor, por encima de la tumba de san Pedro. En la cúpula se logra la máxima altura de la basílica, de poco más de 136 m (446 ft).

Debajo de la cúpula de Miguel Ángel se halla un baldaquino de bronce que cubre el altar, donde solo el Papa puede celebrar misa. El imponente baldaquino se apoya sobre cuatro columnas de 20 m (65 ft) de altura y fue realizado por el arquitecto y escultor Gian Lorenzo Bernini.

En la basílica se encuentran enterrados la mayoría de los papas.

Sobre la puerta principal hay un balcón desde donde el Papa da la bendición a los fieles en ocasiones especiales.

En el centro de la fachada está la entrada a la basílica. Las puertas de bronce fueron terminadas en 1443 por el arquitecto florentino Antonio Averlino, llamado también Filarete. Este sector se demolió, pero las puertas se recolocaron tras las reformas.

La tumba de san Pedro

En 1939 se inició una serie de excavaciones debajo del altar mayor para buscar el sepulcro de san Pedro. Debajo de las grutas vaticanas (sector verde claro) donde descansan los restos de reyes y papas desde el siglo x, se encontró una antigua necrópolis (sector turquesa). Debajo del altar de la vieja basílica se halló una tumba central protegida por un templete. Muchas de las tumbas que la rodeaban tenían inscripciones que decían: «Pedro, ruega por nosotros».

En el año 318, cuando se inició la construcción de la basílica, el terreno de la necrópolis se rellenó, pues estaba en la ladera de un monte. Sobre la tumba principal se construyó el altar que hoy se encuentra debajo del baldaquino.

La basílica tiene dos cúpulas menores que iluminan el interior.

El Barroco

Después de la división de la Iglesia que produjo la Reforma, el catolicismo buscó recuperar a sus fieles y demostrar la grandiosidad de Dios. Para ello se valió de una nueva forma artística, el Barroco, que se reflejaba en una arquitectura recargada, majestuosa y exaltada frente a las formas austeras de los templos protestantes. La basílica de San Pedro es un exponente de este arte.

Obras de arte

La basílica de San Pedro guarda una valiosa colección de obras de arte, muchas de ellas rescatadas de la basílica original y otras encargadas a los más grandes artistas del Renacimiento. En una capilla lateral, protegida por un vidrio blindado, se encuentra La Piedad, una bella escultura de Miguel Ángel que representa a la Virgen sosteniendo el cuerpo muerto de Jesús.

El obelisco egipcio fue llevado a Roma por el emperador Calígula y situado en el centro de un circo romano, lugar donde fue martirizado san Pedro. En 1586 este obelisco se colocó en el lugar en el que está actualmente y simboliza el triunfo de la cristiandad sobre las creencias paganas.

Lorenzo Bernini, el último arquitecto que se encargó de la construcción, fue quien proyectó la plaza de forma elíptica y las 284 columnas sobre las que se aprecian las esculturas de 140 santos de distintas épocas.

¿Desde **cuándo** existen los juegos?

Desde la Antigüedad el ser humano ha buscado formas de entretenerse, relacionarse y competir mediante juegos. Los primeros juguetes eran fabricados por los mismos niños, que además inventaban las reglas para jugar con ellos. Desde aquellos tiempos remotos hasta hoy, gracias al desarrollo de la tecnología, los juguetes se fueron perfeccionando y aparecieron una enorme variedad de juegos electrónicos que se adaptan a los televisores y los ordenadores.

La bicicleta nació como vehículo de transporte y recreo hacia 1850. Se hizo tan popular que hoy en todas las plazas y parques hay sendas especialmente diseñadas para pasear con ella. Por una cuestión de seguridad, niños y adultos deben usar casco para protegerse de las posibles caídas.

El monopatín es una tabla de madera con cuatro ruedas en su base que permite avanzar con rapidez. Los niños apoyan un pie sobre ella y se impulsan con el otro.

El modelismo permite a quienes tienen habilidad para los trabajos manuales armar el modelo a escala de un avión, un barco o un automóvil.

A los modelos construidos se les incorporan pequeños motores que pueden controlarse gracias a un mando radiocontrol a batería.

Videojuegos en casa

A mediados de la década de 1970 la compañía japonesa Nintendo creó un sistema de videojuegos que se conecta a la televisión por medio de consolas en las que se insertan cartuchos con una gran variedad de juegos. A partir de 1990 la empresa Sony introdujo la *Play Station,* que en lugar de cartuchos emplea discos compactos.

Un lugar para jugar

Las ludotecas son sitios destinados al juego de los niños. En ellas los pequeños disponen de una gran variedad de juguetes y pueden utilizarlos libremente. La primera ludoteca apareció a comienzos de 1934 en Estados Unidos. Hoy son espacios de diversión recomendados por la Unesco.

Juegos de ayer y de hoy

Se estima que ya se jugaba al actual dominó en el año 2450 a. C., y lo que hoy se conoce como «juego de damas» tuvo su origen en el 1900 a. C., en Egipto, y recibía el nombre de *alquerque.* El *go* es un juego milenario chino inventado por el emperador Yao para inculcar a sus hijos el hábito de la reflexión.
Los primeros naipes provienen de China e India. Tenían símbolos mágicos, forma redonda y estaban hechos de cartón lacado. El origen de las muñecas también es prehistórico. Las primeras fueron fabricadas con madera, barro cocido, marfil o cera y en el siglo XIX aparecieron las de porcelana.

Juegos en red

A través de Internet las personas conectadas pueden jugar entre sí, por turnos o de forma simultánea, independientemente de dónde se encuentren. La mayoría de estos juegos son gratuitos.

Los juegos electrónicos portátiles son pequeños dispositivos semejantes a un teléfono móvil. Algunos cuentan también con reloj y alarma.

La cuerda es uno de los entretenimientos clásicos de las niñas de todos los tiempos. Sin embargo, hoy es habitual ver también a los niños practicando destrezas acrobáticas y bailando *hip hop* mientras saltan a la cuerda.

El juego de pelota es universal y existe desde hace más de 4000 años. Las primeras pelotas eran de cuero y junco trenzado. Las actuales se parecen a las que usaban los niños de la antigua Grecia, que se hacían con vejigas de cerdo infladas.

Si bien el fútbol es un juego tradicionalmente relacionado con los niños, en la actualidad las niñas también juegan. En muchos países hay campeonatos femeninos.

¿**Qué** es un kimono?

Es una vestimenta propia de Japón cuyo nombre significa «cosa para vestir». Antiguamente se realizaba con materiales bastos, como cáñamo o lienzo, pero con la influencia china el kimono empezó a confeccionarse con seda y se convirtió en una prenda suntuosa. Los primeros kimonos se colocaban sobre las ropas, pero con el paso del tiempo llegaron a ser una prenda en sí misma. Hasta hace unos 50 años era la vestimenta típica de Japón, pero hoy solo se usa en ocasiones especiales.

Los kimonos femeninos son más elaborados y varían según el estatus de la dama o la ocasión en la que será usado.

El kimono es una larga túnica en forma de «T» que se coloca de manera envolvente. Es una pieza única adecuada al cuerpo de cada persona y muchas veces está decorada con bordados.

El kimono de los hombres consta de dos piezas: el *hakama*, que es un pantalón suelto con varios pliegues que representan las virtudes, y una casaca, llamada *haori*, que se sujeta con un amplio cordón.

La elaboración del kimono puede llevar varios meses. El bordado y el estampado se hacen a mano.

Geishas

La palabra *geisha* proviene de los fonemas chinos *gei,* que quiere decir «arte, habilidad», y *sha,* que significa «persona», es decir, una persona con habilidad en distintas artes.

Las geishas son artistas tradicionales japonesas que siempre se visten con kimonos. Las aprendices, también llamadas *maiko,* los usan de colores brillantes, mientras que las geishas mayores llevan prendas más clásicas y de colores discretos.

El maquillaje y el peinado son imprescindibles para estas mujeres. Las maikos se pintan la cara de blanco, las mejillas de color rosa oscuro y los labios de rojo. El maquillaje de las geishas es similar pero mucho más discreto. Llevan el cabello siempre recogido, en forma de moño y decorado con peines y horquillas.

Accesorios especiales

Los accesorios de un kimono son varios. Se utiliza un calzado, semejante a unas chinelas de madera formadas por una tabla y dos dientes llamados *geta,* que se coloca sobre unos calcetines de algodón con el pulgar separado del resto de los dedos. La sombrilla de bambú con su paño de papel aceitado y el abanico, signo de autoridad entre los hombres, completan el vestuario tradicional.

Hay varios tipos de kimono femenino: el *furisode,* de colores vivos y manga larga, es para las solteras; el *homongi,* con muchos bordados, es para las fiestas formales; el *iromugi* es bastante sencillo y para uso diario; el *mofuku* es para el luto, negro con fondo blanco; el *shiromoku* es el kimono blanco que usan las mujeres cuando se casan y se acompaña de un gorro del mismo color en forma de media luna.

En todos los kimonos el lado izquierdo se pliega sobre el lado derecho, a excepción de los usados en tiempo de luto, que se llevan sobre el lado izquierdo.

Kimono para todos

Los japoneses comenzaron a usar una prenda semejante al kimono alrededor del año 710. Se llamaba *kosode,* tenía amplias mangas cortas y se ponía sobre las ropas, casi como un abrigo. Con el tiempo, el kimono fue cambiando de aspecto y en el siglo XVIII tuvo su apogeo. Hoy se utiliza en ocasiones especiales, como bodas, fiestas, Año Nuevo y la tradicional ceremonia del té. Los niños lo usan por primera vez a los tres años, en la fiesta de Shichi-go-san. En esa ocasión, los padres van a los templos a dar las gracias a los dioses por haber hecho que sus pequeños crezcan sanos y fuertes.

El *obi* y sus secretos

El kimono se sujeta en la espalda por medio de una faja ancha, llamada *obi,* que puede llegar a medir unos 4 m (13 ft) de largo y 60 cm (23 in) de ancho. Las mujeres japonesas tienen diferentes maneras de atar esta faja según las diversas ocasiones. El *obi* de los hombres es mucho más simple.

¿**Qué** es el folclore?

Folclore es una palabra de origen inglés compuesta por *folk*, «pueblo», y *lore*, «conocimiento, sabiduría», es decir, «sabiduría de los pueblos». Es el conjunto de expresiones culturales y artísticas, como el baile, la música, los relatos divulgados por la tradición oral, las costumbres, las tradiciones, las leyendas, los mitos y las artesanías. Es anónimo y se transmite de generación en generación.

Hacia el siglo XVI, en Valencia, al comienzo de cada primavera los carpinteros limpiaban sus talleres y quemaban la madera excedente. Los vecinos también echaban muebles viejos en la hoguera.

El inventor del folclore

En el siglo XIX hubo una revalorización de la cultura y las tradiciones de otros tiempos. Muchos estudiosos se referían a las «antigüedades populares» para hablar de las creencias, las tradiciones y los relatos que se transmitían de una generación a otra. En 1846 un anticuario británico llamado William J. Thoms escribió la palabra «folclore» en una revista para referirse a todos los aspectos de la sabiduría popular.

Las alfombras persas surgieron en la región de Turquestán (Asia Menor) hace unos 3500 años, gracias al trabajo artesanal de las tribus nómadas. Para teñir las fibras de lana, seda y algodón se usaban sustancias naturales.

Hoy los artesanos turcos e iraníes mantienen muchas de las técnicas de sus antecesores, aunque el trabajo se ha mecanizado con el surgimiento de nuevos telares. Sin embargo, todas las alfombras presentan un error deliberado en su diseño. Esto se debe a que los pueblos musulmanes creen que la perfección solo le corresponde a Alá.

Los pueblos y las culturas crean su propia música. La típica de los nativos de los Andes sudamericanos se interpreta con una variada gama de instrumentos autóctonos, como la zampoña o sicu, la quena, el erque, el erquencho, el charango y el bombo.

Las melodías y los bailes andinos se remontan a tiempos anteriores a la conquista española y conservan hondas raíces autóctonas que datan de cuando la región estaba poblada por los incas. Las danzas se ejecutan en rituales de fertilidad y agradecimiento a la Pachamama (Madre Tierra).

Con el paso del tiempo, en la víspera de San José (18 de marzo), se volvió habitual ver a los niños y jóvenes haciendo hogueras, también llamadas fallas, para quemar muñecos de madera *(ninots)* que representaban figuras caricaturizadas. Hoy las fallas valencianas son una de las fiestas tradicionales más importantes de España.

La alimentación y la cultura

Tanto los alimentos como la manera de prepararlos y servirlos son diferentes en cada comunidad y responden a su historia, a la constitución de su pueblo y a las tradiciones que otras sociedades les proporcionaron. Cada pueblo ha ido creando a lo largo del tiempo una dieta con los ingredientes que la naturaleza le brinda de modo directo.

Los mitos y las leyendas son relatos muy antiguos que se transmiten oralmente, de manera que cada generación enriquece la historia. En la mayoría, los hechos reales se mezclan con los imaginarios para tratar de explicar el misterio de la vida y la muerte, el enfrentamiento entre los seres divinos y los humanos, el poder o la magia.

En la mitología inuit Kiviok era el chamán más poderoso del Polo Norte. Una noche acampaba en un tupido bosque y decidió cortar un árbol para hacer una hoguera. Para su asombro, ante cada hachazo que daba las virutas del árbol se convertían en peces que se burlaban de él. Furioso, cortó árbol tras árbol hasta que acabó con todo el bosque de la zona. Desde entonces, según la leyenda, en el Polo Norte no hay árboles, y en su lugar existe una inmensa cantidad de peces que habitan los mares del Ártico.

La ceremonia del té en Japón es una costumbre social muy extendida y constituye un ritual para servir un tipo de té verde en polvo que es extraído de la misma planta que el té negro, pero no se deja fermentar. Quien realiza la ceremonia debe conocer bien la forma de preparación y los distintos tipos de té, además de lucir un kimono especial para la ocasión.

El té llegó a Japón en el siglo VIII desde China y se usaba en rituales religiosos en los monasterios budistas. En el siglo XIII se estipularon los pasos para preparar el té y la ceremonia que debía acompañarlo.

¿**Cómo** se celebra el **carnaval** en el mundo?

El carnaval es un festejo muy antiguo y popular; se estima que se originó en las fiestas paganas que se realizaban en Grecia en honor a Dionisos, dios del vino. Hoy es una fiesta propia de los países cristianos. Precede a la Cuaresma y se celebra durante tres días en los que invaden las calles los bailes de disfraces, las comparsas, las mascaradas y los desfiles de carrozas. Cada país le da la impronta de su cultura, por eso, los carnavales varían notablemente en el mundo.

El carnaval de Río de Janeiro, en Brasil, es la fiesta popular más importante del mundo. Se desarrolla en una larga pasarela, llamada *sambódromo,* con capacidad para miles de personas. Durante el desfile de una *escola* pueden verse entre cinco y siete carrozas donde van las bailarinas más destacadas.

Las agrupaciones de bailarines, cantantes y músicos, llamadas *escolas do samba,* desfilan representando escenas o imágenes relacionadas con un tema.

Las *escolas* están divididas en *alas.* Cada una viste un atuendo especial que hace referencia al tema elegido.

¿Quién es quién?

En la antigua Babilonia se hacían festejos en honor al dios Marduk. Durante las fiestas, las jerarquías cambiaban, hasta el punto de que durante unos días se perdonaba a los reos, se los vestía con ricas prendas y se les ofrecían manjares y todas las comodidades de un soberano. Los nobles eran quienes se encargaban de servirlos y brindarles todo tipo de cortesías. Cuando la fiesta terminaba, el «falso rey» volvía a ser un simple reo y entonces recibía su castigo.

Cada *escola* tiene más de 3000 participantes que deben atravesar el *sambódromo* en 1 hora y 20 minutos.

Los participantes de cada ala arengan al público para que aprenda sus canciones y los aplauda.

Los músicos ejecutan melodías pegadizas que repiten una y otra vez, acompañados de instrumentos de percusión que marcan el ritmo de los bailarines y el avance de toda la *escola*.

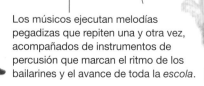

El más tradicional de Europa

En Venecia, los festejos del carnaval se centran en la plaza de San Marcos, pero hay espectáculos de música, danza, teatro y acrobacia en todos los rincones de la ciudad. Se caracteriza por sus máscaras y trajes de época, y por la representación de personajes como polichinela, arlequín, *il dottore*... Estos disfraces suelen usarse para representar hechos relacionados con la historia de la ciudad, desfiles y hasta carreras de góndolas.

Los trajes, la organización, la música y la danza se preparan a lo largo del año gracias al trabajo de todos los que participan en el evento.

Carnaval de Oruro

En la localidad boliviana de Oruro se celebra un carnaval muy particular en el que se mezclan ritos indígenas con ceremonias cristianas. Lo más característico de esta fiesta tiene lugar el lunes siguiente al carnaval, cuando se teatraliza la batalla entre el bien y el mal con numerosos bailarines que representan al diablo y uno que es el arcángel san Miguel.

Carnaval con sello africano

En el Río de la Plata los esclavos negros celebraban secretamente fiestas con música y danzas africanas. Construían sus tambores con los tablones de los toneles y fabricaban cueros con retazos de piel de animales. Los «bailes de negros» fueron perseguidos por las autoridades, pero lograron perdurar en el tiempo creando la música y el ritmo propios de los carnavales de la región: el candombe.

¿**Cuándo** se inventaron las **banderas**?

Aunque no se sabe con exactitud, se estima que las banderas fueron inventadas por el primer emperador de la dinastía Chou, en China, hace más de 3000 años. Solían tener dibujos de animales sagrados, como dragones, tigres o pájaros. En algunos escritos y pinturas egipcios se observa que en las civilizaciones más antiguas también utilizaban insignias como símbolos tribales o para reconocer a los aliados durante una batalla. El primer estandarte con una función semejante a la actual apareció en los campamentos del Imperio romano.

Durante la Edad Media, cuando Europa era feudal, muchos príncipes utilizaban estandartes con sus escudos de armas pintados o bordados señalando el centro de un feudo.

El estandarte era una bandera vertical sostenida por una cruz de madera.

Al principio los estandartes y las banderas respondían a fines religiosos, pero más tarde se utilizaron como insignias militares para que las huestes de los ejércitos se reconocieran y diferenciaran a sus enemigos.

Solo los caballeros podían usar caballo, el resto de la tropa iba a pie. El caballo solía «vestirse» con los colores y las insignias de su escudo de armas.

Banderas de combate

Cuando los barcos eran un medio de comunicación entre los continentes, los mástiles mayores se enarbolaban con inmensas banderas que indicaban la nacionalidad de la embarcación, pero también podían señalar la amenaza de una acción hostil. Es el caso de las banderas de guerra y las de los piratas, que se izaban cuando se iniciaba la batalla. Las banderas eran muy grandes, para que pudieran distinguirse aun en medio del humo de los cañones.

Las banderas más antiguas se realizaban con paños de seda, ya que su origen era oriental. Sin embargo, en la Edad Media era habitual que estuvieran hechas de lino o cuero, con algún detalle en seda y lana.

Las banderas con el escudo de armas en su centro se enarbolaban en lo alto de las torres de los castillos.

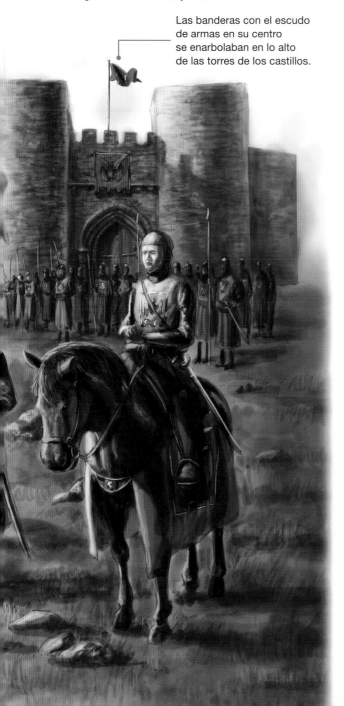

La más antigua

La bandera oficial más antigua es la de Dinamarca, también llamada *Dannebrog,* y data de 1219. Según la tradición danesa, una bandera roja con una cruz blanca cayó del cielo sobre el campo de batalla en el área de Lyndanisse. Lo cierto es que unos 100 años después una bandera semejante se completaba con el escudo de armas del rey Valdemar IV para convertirse en el símbolo patrio de la nación danesa.

Extrañas banderas

Las banderas son fragmentos de tela, generalmente de forma rectangular, con una combinación de colores o imágenes, como los escudos, que representan la nación a la que pertenecen. Sin embargo, existen banderas raras que no mantienen las características de las demás. Es el caso de la de Nepal (a la izquierda, en la imagen), que parece la superposición de dos banderines triangulares, y la del Vaticano (a la derecha, en la imagen) y la de Suiza, que son cuadradas.

Banderas y utilidades

Hay banderas que se usan para transmitir señales de un lugar a otro y se interpretan gracias a un código propio, como sucede con el Código Internacional de Señales que se utiliza en el mar. Pero también pueden servir para dar indicaciones, como es el caso de las carreras de coches, en las que un abanderado hace ondear una bandera a cuadros blancos y negros para indicar a los conductores que la carrera ha terminado.

¿**Cómo** era la vida de las tribus esquimales?

Los esquimales son nativos de la región ártica (Alaska, Groenlandia y parte de Siberia), donde habitan desde hace unos 8000 años. Eran un pueblo nómada que vivía de la caza y de la pesca. El núcleo de la sociedad esquimal era la familia, pero en tiempos de caza varios grupos familiares se reunían para perseguir a los animales. Los esquimales se llaman a sí mismos *inuits,* que en su idioma significa «el pueblo». El nombre *esquimal* se lo pusieron pueblos nativos vecinos y significa «gente que come carne cruda».

Las mujeres de la tribu eran las encargadas de confeccionar la ropa de toda la familia con piel de caribú y tendones de animales.

Durante la temporada de caza de invierno los esquimales construían viviendas con bloques de hielo, llamadas *iglús,* que tenían forma abovedada y base circular. Los bloques se colocaban en forma de espiral.

Los iglús estaban parcialmente bajo tierra y más abajo aún tenían largos túneles que comunicaban con el exterior. Estas viviendas se calentaban con hogueras encendidas con aceite de foca.

Para pescar y cazar focas fabricaban rudimentarios arpones con huesos de ballena.

En invierno, para atrapar focas y morsas, agujereaban la parte superior del hielo. Cuando la foca se asomaba, la cazaban con sus arpones. Este mamífero les proporcionaba carne, piel y grasa.

Aurora boreal

Los esquimales creían que los reflejos que iluminaban las noches en el cielo formaban un sendero que conducía a las regiones celestiales, y que por medio de ellos los espíritus les enviaban mensajes. Muchos decían que podían escuchar el mensaje de las luces del norte. También estaban convencidos de que podían imitar esos sonidos y así hacer que la aurora boreal se acercara para susurrarles mensajes a los espíritus.

Tótems

Los indígenas pensaban que los animales tenían cualidades o atributos sobrenaturales, y reflejaban estas características en esculturas llamadas *tótems*. Cada tribu tenía un tótem que representaba las cualidades de sus integrantes.

Esquimales actuales

Hoy los esquimales mantienen muchas de sus tradiciones, especialmente las religiosas, pero se han adaptado a la vida moderna. Se trasladan en motos de nieve y solo algunos lo hacen en trineos como sus antepasados. Hacen sus compras en los supermercados y ya no dependen tanto de la caza y de la pesca como antes.

Durante el verano construían viviendas a modo de tiendas, hechas con huesos de ballena, musgos, piedras y pieles de animales.

La sociedad esquimal era igualitaria: no tenía jefes y solo respondía a una autoridad religiosa, el chamán, una mezcla de sacerdote, brujo y adivino, considerado intermediario entre los seres humanos y los espíritus.

De cacería

Los esquimales podían pasar semanas enteras persiguiendo manadas de caribúes. El cazador de la familia aprendía de su padre o le compraba a un chamán una oración para que la caza fuera fructífera y los espíritus lo protegieran. Era una oración personal que debía cantarse todas las mañanas y no podía ser usada por otra persona. Los cazadores llevaban amuletos, objetos que consideraban cargados de poderes protectores.

Cuando las temperaturas eran suaves y las aguas no estaban congeladas, recorrían el mar en kayaks (embarcaciones hechas de madera y recubiertas de piel).

¿**Cuáles** fueron las
maravillas del mundo antiguo?

Se trata de siete monumentos que fueron construidos en diferentes momentos de la historia, por distintas civilizaciones. Los historiadores y los viajeros de la Antigüedad los describieron según sus recuerdos y los consideraron los más representativos de su tiempo. Desde el siglo v a. C., Heródoto había sugerido la idea de hacer una lista con estas edificaciones, pero ya en la Edad Media se enumeraron definitivamente según las descripciones de su tiempo. La mayoría de estos monumentos no duraron mucho, y fueron destruidos rápidamente. Solo las pirámides han llegado hasta nuestros días.

Gran pirámide de Gizeh
Las pirámides de Gizeh fueron construidas hace unos 4000 años, en las afueras de El Cairo, Egipto. Se trataba de una serie de monumentales tumbas en las que descansaban los restos de los faraones.

Para construir la tumba en honor del faraón Keops se trabajó durante 20 años y se utilizaron millones de bloques de piedra caliza que fueron arrastrados hacia el desierto hasta alcanzar los 150 m (492 ft) de altura.

Mausoleo de Halicarnaso
El rey Mausolo gobernó la ciudad de Halicarnaso, en la antigua Grecia, durante más de 20 años. Hacia el año 353 a. C. el rey murió y su esposa, Artemisa, que heredó el trono, decidió hacer construir una monumental tumba en su honor, el mausoleo de Halicarnaso.

Se trataba de una base rectangular sobre la que se apoyaban 117 columnas que sostenían una pirámide coronada con una estatua de Mausolo y su esposa Artemisa en una cuadriga triunfal.

Estatua de Zeus
Se encontraba en el santuario de Olimpia y tenía alrededor de 10 m (32 ft) de altura. Estaba hecha con materiales preciosos, como marfil y oro, y mostraba al dios sentado sobre un trono gigante. Durante las Olimpiadas y antes de comenzar las competiciones, los deportistas griegos realizaban ofrendas frente a ella.

Faro de Alejandría

Cuando Alejandro Magno conquistó Egipto, mandó construir una ciudad puerto cerca de la desembocadura del río Nilo a la que llamó Alejandría. A su muerte, el emperador egipcio Ptolomeo hizo construir una colosal edificación en la isla de Pharos, frente a la ciudad.

El edificio, único en su tiempo, era casi tan alto como las pirámides. En la parte superior, el faro tenía un gran espejo que reflejaba la luz del día, y de noche proyectaba la luz del fuego que se encendía cuando aparecían las primeras estrellas.

Nuevas maravillas

Las maravillas de la Antigüedad respondían al mundo conocido por los griegos y los romanos. Por ello precisamente muchas otras grandes edificaciones, igual de representativas, quedaron fuera de la lista que se realizó en la Edad Media. Por ese motivo, el empresario suizo Bernard Weber propuso hacer una nueva lista de maravillas, pero esta vez del mundo moderno. Hubo gran cantidad de propuestas, pero las más votadas fueron: la Gran pirámide de Gizeh, en Egipto (ya que era la única de las maravillas originales que se mantenía en pie); Chichén Itza, en México; el Coliseo romano, en Italia; el Cristo redentor, en Brasil; la Gran Muralla, en China; el Machu Picchu, en Perú; la ciudad antigua de Petra, en Jordania, y el Taj Mahal (en la imagen), en la India.

Jardines colgantes de Babilonia

Alrededor del año 600 a. C., el rey Nabucodonosor II quiso demostrar a su esposa el gran amor que sentía por ella e hizo construir un zigurat (pirámide escalonada) único. El monumento, luego conocido como los jardines colgantes de Babilonia, le recordaría a su amada las montañas de su lejana tierra, tan distinta a la planicie de Babilonia.

Se construyeron una serie de terrazas de piedra sostenidas por arcos. En la parte más alta había un depósito de agua que permitía regar las terrazas y mantener la humedad para que las plantas florecieran continuamente.

Templo de Artemisa

Artemisa era la diosa griega de la fertilidad. El templo que se levantó en su honor en Éfeso, Turquía, tardó más de 100 años en construirse, pero fue incendiado tras una invasión. El rey de Lidia impulsó su reconstrucción y lo convirtió en un lugar sagrado al que se acercaban reyes, mercaderes y peregrinos a dejar ofrendas. Hacia el año 356 nuevamente fue incendiado y luego reconstruido. Los saqueos durante las invasiones godas terminaron por destruirlo.

Coloso de Rodas

La figura, de más de 30 m (98 ft), estaba hecha de placas de bronce sobre un armazón de hierro y representaba al dios griego del Sol, Helios. En su brazo levantado, el dios tenía una enorme tea que cada noche se encendía para guiar a los barcos que se acercaban al lugar.

La ciudad de Rodas era un centro económico y un puerto muy importante. En el año 332 Alejandro Magno logró conquistarla. Tras su muerte hubo encarnizadas luchas para repartirse los restos de su imperio. El rey egipcio Ptolomeo logró conquistar la ciudad y en honor a esta victoria hizo construir una monumental estatua en la entrada del puerto, el Coloso de Rodas.

¿**Cómo** nacieron los Juegos Olímpicos?

Los Juegos Olímpicos comenzaron a celebrarse en la antigua Grecia hacia el año 776 a. C. Tenían una función religiosa y suponían un momento de tregua en las batallas que se libraban entre las polis. Las primeras Olimpiadas eran reuniones festivas en las que se congregaban miembros de las diversas polis. Al inicio de estas ceremonias se encendía una antorcha en honor de los dioses y pronto surgieron competiciones para disputarse el privilegio de encenderla. La fiesta se convirtió así en un evento netamente deportivo en el que el ganador era el que más posibilidades tenía de alcanzar la perfección de los dioses.

Los atletas rendían culto a Zeus, que era patrono de estos eventos. Si un participante moría en plena competición, era reconocido públicamente por haber muerto en honor de los dioses.

Las competiciones se realizaban en la ciudad de Olimpia cada cuatro años, en un enorme estadio en el que cabían miles de espectadores. Los juegos fueron muy populares y miles de personas viajaban desde las polis para asistir a ellos.

El templo de Zeus

Antes de comenzar los Juegos una comitiva encabezada por heraldos y jueces se acercaba al templo de Zeus a rendir tributo y realizar numerosos sacrificios de animales. Los atletas participaban en esta ceremonia, que se repetía a los cuatro días de iniciada la competición. Durante el cuarto día no se realizaban actividades deportivas y solo había banquetes y algunas ceremonias.

Olimpiadas artísticas

La música tenía especial importancia entre los griegos. Por eso durante los días de competición eran habituales los concursos musicales, llamados *agones,* para elegir al mejor ejecutante. También se realizaban espectáculos teatrales y actividades culturales de todo tipo.

Coronados de gloria

En la antigua Grecia los atletas que ganaban las competiciones eran premiados con una corona de laurel o de olivo. Aquellos que obtenían este galardón se convertían en miembros destacados de su ciudad natal, que también se llenaba de gloria. El deportista más célebre era el triunfador del pentatlón, pues era el más completo en todas las disciplinas.

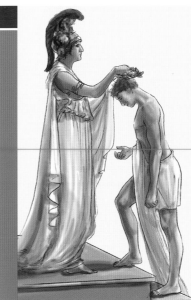

Solo podían competir los hombres libres, de linaje probado. No participaban ni los esclavos ni las mujeres.

El regreso de las Olimpiadas

No se sabe cuándo se realizaron los últimos Juegos Olímpicos de la Antigüedad. Pero en 1894 el noble francés Pierre Frédy, barón de Coubertin, se ocupó de que comenzaran a celebrarse nuevamente. Fundó el Comité Olímpico Internacional con la colaboración de representantes de varios países y en 1896 Atenas fue elegida la ciudad en la que renacerían las Olimpiadas. El principal emblema de los juegos son los cinco aros entrelazados de colores azul, negro, rojo, amarillo y verde que representan a los cinco continentes.

Existían 13 pruebas olímpicas clásicas: carreras de varios tipos, incluidas las de cuadrigas, lanzamientos, deportes de combate y pentatlones que combinaban varias disciplinas.

La jabalina era una vara, sin punta, de un largo semejante a una persona. La idea era lanzarla lo más lejos posible. Tenía una especie de ranura donde se colocaban los dedos índice y corazón para darle más impulso.

La lucha podía ser de dos tipos: de pie, en la que había que derribar tres veces al adversario sin caerse, y lucha libre, en la que había que poner tres veces de espalda al contrincante.

Había carreras de velocidad y de resistencia. En estas últimas, los competidores llevaban en ocasiones un yelmo y un enorme y pesado escudo.

¿**Cómo** viven los pueblos nativos en la actualidad?

Existen alrededor de 300 millones de aborígenes que mantienen sus tradiciones y su cultura desde tiempos muy antiguos. Generalmente viven en poblados muy modestos y su economía es de subsistencia; cazan con arco y flecha, pescan o se dedican a la cría y el pastoreo de animales. Su gradual desaparición está influida por el avance del modelo de desarrollo occidental.

Los masai son una tribu de nativos nómadas que habitan en Kenia.

Cuando un miembro de la comunidad muere, los masai abandonan sus casas y se van a vivir a otro lado.

Viven en modestos poblados de chozas, llamados *boma,* que construyen las mujeres con barro, excrementos de vaca y ramas. Las viviendas miden apenas 1,50 m (4.9 ft) de altura.

Los tuareg constituyen uno de los pueblos más antiguos de África.

Usan largas túnicas, en general de color azul, que solo dejan al descubierto los pies, las manos y los ojos. Construyen sus viviendas con ramas y levantan tiendas para descansar unos días antes de seguir su viaje.

Suelen viajar en caravanas sobre camellos para pastorear ganado.

Nativos del Ártico

Los *samis* o lapones viven en Laponia, una región dividida entre Noruega, Suecia, Finlandia y Rusia. Son un pueblo nómada que habita las regiones árticas desde hace unos 10 000 años y se dedica a la cría de renos, a la caza y la pesca. Si bien los lapones se adaptaron a las formas de vida moderna y las religiones nacionales los han captado, han logrado que Naciones Unidas los reconozca como pueblo indígena; esto les ha permitido desarrollar y conservar su cultura, sus tradiciones y su identidad.

Es un pueblo guerrero que en otros tiempos perseguía leones, hecho que convertía a los jóvenes en guerreros adultos. También se dedica al pastoreo de ganado bovino.

El pueblo más antiguo

Según los antropólogos, los bosquimanos, también llamados *san,* constituyen un pueblo nómada que históricamente vive en el desierto de Kalahari, entre Botswana y Namibia, y caza a sus presas con arcos y flechas envenenadas. Sus ropas están hechas con piel curtida de antílope. Las mujeres se dedican a la recolección de frutos, a la alfarería y a la cestería. Los hombres son cazadores y el producto de la caza se comparte. Encienden el fuego frotando maderas, como en tiempos primitivos.

La vida es sueño

En Australia y Oceanía perviven grupos de nativos, como los maoríes, que mantienen una forma de vida muy antigua. Conservan muchas de sus tradiciones religiosas, la mayoría de ellas relacionadas con los sueños. Estos nativos creen que la vigilia es imperfecta, mientras que el mundo de los sueños está mucho más cerca de los dioses.

Los yanomanis habitan en la porción más profunda de la selva amazónica. Se trata de pueblos cazadores y recolectores que viven en armonía con su entorno.

Viven en enormes casas comunitarias, hechas con ramas de árboles, que albergan a cientos de personas. No tienen camas y descansan en hamacas.

Cazan, pescan y recolectan frutos de la selva. El producto de la caza se comparte entre todos los miembros de la comunidad.

En la actualidad muchos pueblos del Amazonas son desplazados de los sitios donde han vivido durante siglos. La deforestación, el tráfico de especies y la construcción de autopistas en la zona son sus peores enemigos.

Los antiguos pieles rojas

Los indios de América del Norte tenían un profundo respeto por la naturaleza que los rodeaba. Los recursos naturales eran compartidos de manera comunitaria y nadie creía que pudiera apropiarse de ellos. Hoy estos grupos indígenas están relegados de sus territorios y apenas subsisten unos pocos en las reservas, donde tuvieron que cambiar sus tradicionales hábitos de cazadores y recolectores. Sin embargo, mantienen muchas de sus tradiciones religiosas.

¿**Qué** es la Organización de las Naciones Unidas?

La Organización de las Naciones Unidas (ONU) fue creada en 1945, al finalizar la Segunda Guerra Mundial, con la intención de promover la paz, la cooperación y la seguridad en el mundo, y colaborar en el progreso social, la mejora en el nivel de vida y el cumplimiento de los derechos humanos. Está representada por la mayoría de los Estados soberanos y se rige por la *Carta de las Naciones,* que es la Constitución del organismo. Los países que quieren ingresar en la ONU deben aceptar los preceptos que allí se establecen.

La ONU busca preservar a los niños del azote de la guerra, defender los derechos humanos, crear condiciones para mantener la justicia y el respeto a los tratados internacionales y promover las mejoras en la calidad de vida de la gente.

Unicef (Fondo Internacional de Emergencia de las Naciones Unidas para los Niños) es un organismo de las Naciones Unidas que promueve el desarrollo de la infancia, la educación básica, la protección de los niños contra la violencia y la explotación y el cumplimiento de sus derechos.

Los «cascos azules» son las fuerzas de paz de las Naciones Unidas. Se trata de una especie de ejército internacional formado por militares de todas las naciones miembros que buscan alcanzar y mantener la paz en zonas de conflicto.

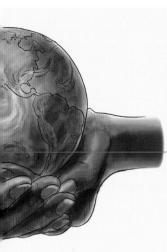

La Sociedad de las Naciones

El primer intento de una organización internacional que mediara entre las naciones para evitar conflictos bélicos fue la Sociedad de las Naciones, propuesta por el presidente estadounidense Woodrow Wilson en 1919. Sin embargo, la imposibilidad de este organismo de evitar conflictos armados quedó patente cuando estalló la Segunda Guerra Mundial. La Sociedad de las Naciones cayó entonces en un terrible descrédito.

La ONU para los niños

Unicef se creó en 1950 para mejorar la situación de los niños en Europa tras la guerra. En 1953 se convirtió en un organismo estable de la ONU dedicado exclusivamente a la protección de la infancia en el mundo.

Órganos principales

La ONU está conformada por seis organismos principales: la Asamblea General es un órgano deliberativo y se reúne una vez al año; el Consejo de Seguridad actúa para evitar conflictos o bien colabora en misiones que garanticen la paz. El Consejo Económico y Social es el administrador del organismo y además realiza estudios e informes sobre situaciones puntuales; la Corte internacional de Justicia es un órgano judicial que busca resolver conflictos jurídicos entre las naciones miembro. Por último, la Secretaría se encarga de la administración de los órganos de la ONU.

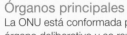

El 7 de abril de 1948 las Naciones Unidas crearon la OMS (Organización Mundial de la Salud) con la finalidad de atender y preservar el estado sanitario de la población mundial, que era crítico tras la guerra.

La silueta que se recorta en la bandera de las Naciones Unidas, un mundo visto desde el Polo Norte con dos ramas de olivo rodeándolo, simboliza la unión de los pueblos. Las ramas de olivo son un símbolo de paz.

Los cascos azules supervisan el alto el fuego cuando un enfrentamiento bélico termina, protegen a la población civil, limpian de minas las zonas de conflicto y buscan mantener la ley y el orden en áreas de riesgo.

El Abecé Visual de
LA TIERRA

El Abecé Visual de
ANIMALES SALVAJES

El Abecé Visual de
LOS INVENTOS QUE CAMBIARON EL MUNDO 1

El Abecé Visual de
MEDIOS DE TRANSPORTE

El Abecé Visual de
EL UNIVERSO

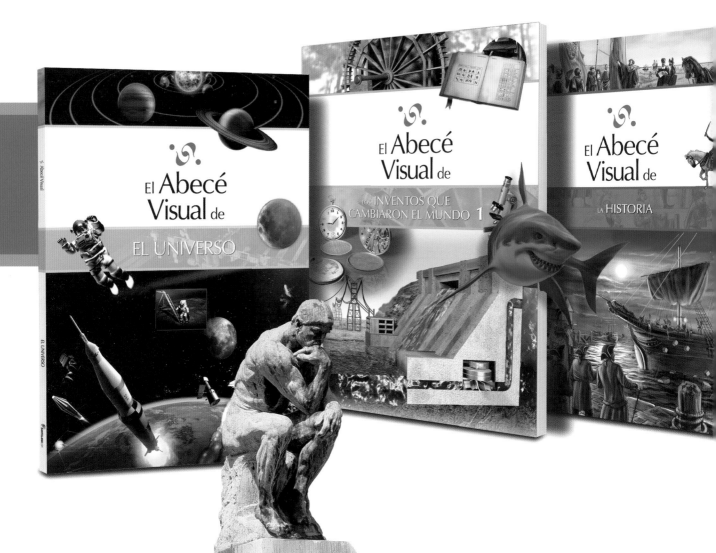

El Abecé Visual de
EL UNIVERSO

El Abecé Visual de
LOS INVENTOS QUE CAMBIARON EL MUNDO 1

El Abecé Visual de
LA HISTORIA

LE PENSEVR

El Abecé Visual de
PLANTAS Y FLORES

El Abecé Visual de
INSECTOS

El Abecé Visual de
PAÍSES, RELIGIONES Y CULTURAS DEL MUNDO

El Abecé Visual de
MITOS Y LEYENDAS UNIVERSALES

El Abecé Visual de
BOSQUES, SELVAS, MONTAÑAS Y DESIERTOS

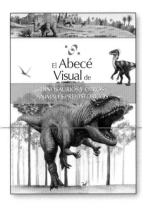

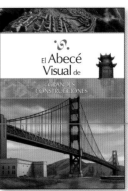

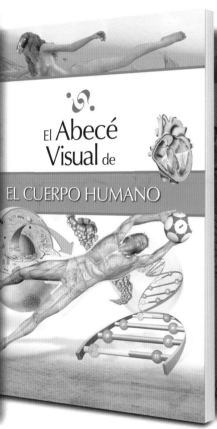

«Students establish a base of knowledge across a wide range of subject matter by engaging with works of quality and substance.»

—*Common Core State Standards for English Language Arts & Literacy in History/ Social Studies, Science, and Technical Subjects*, p. 7

A great addition to a CCSS-oriented collection

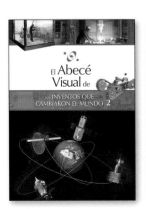
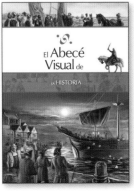
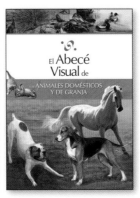

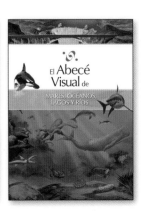